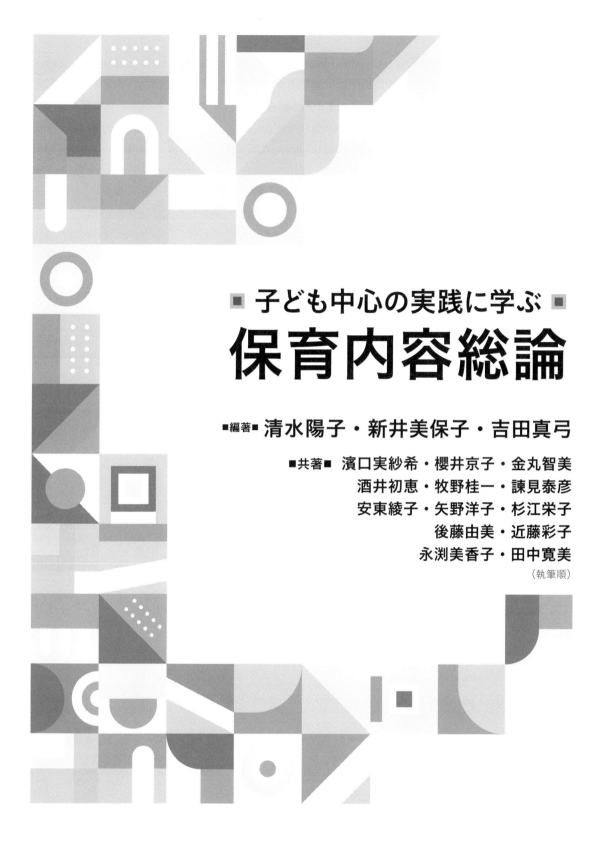

■子ども中心の実践に学ぶ■

保育内容総論

■編著■ 清水陽子・新井美保子・吉田真弓

■共著■ 濱口実紗希・櫻井京子・金丸智美
酒井初恵・牧野桂一・諫見泰彦
安東綾子・矢野洋子・杉江栄子
後藤由美・近藤彩子
永渕美香子・田中寛美
（執筆順）

建帛社
KENPAKUSHA

は じ め に

　今日，子どもが主体的に取り組む遊びが，豊かな学びにつながる大切なものであることが認識されています。乳幼児の教育は，「幼稚園教育要領」「保育所保育指針」「幼保連携型認定こども園教育・保育要領」の中で，遊びを通した総合的指導であることが記され，遊びを通しての乳幼児の社会情動的要素を含む発達を促すことが重視されています。

　本書は，子どもが生活の主体者であることを尊重し，遊びを展開していくことを中心的課題としたいと考え，「子ども中心の実践に学ぶ保育内容総論」のタイトルをつけました。各章ごとに「学びのポイント」と「演習課題」がありますので，その章の重要事項を理解しながら，実践力育成につなげてください。

　私たち編者は，韓国幼児教育研究（科学研究費助成事業）をきっかけに，乳幼児の権利を尊重し遊びを中心とする保育について探究したいと考え，本書を作成しました。

　私たちに遊びによる保育実践力の育成を提案されたのは，日本の韓国幼児教育研究の第一人者である丹羽孝先生でした。

　2019年に韓国教員大学校幼児教育研究センター主催の外国人研究者招聘講演で丹羽先生が「日本の幼児教育への招待」と題して，絵本『花さき山』にみる保育の心について話されたことがあります。次に，『花さき山』の著者の斎藤隆介の言葉を引用します。

　『花さき山』に添えて　斎藤隆介（『花さき山』岩崎書店，1985より抜粋）

　戦後の歴史のもう一つの太い心棒は，われわれは一人ではなくてみんなの中の一人だという自覚をもったことです。

　みんなの中でこそ，みんなとのつながりを考えてこそ，自分が自分だと知ったことです。

　そしてさらに，一杯に自分のために生きたい命を，みんなのためにささげることこそが，自分を更に最高に生かすことだと信じて，その道を歩きはじめた人々がおおぜい出てきました。

　『花さき山』は，そういう人々への讃歌です。

　『花さき山』の登場人物のように自然災害や不遇な環境に耐え，前向きに生きる人間になるように，子どもを育てるのは簡単なことではありません。しかしながら，私たちはそのための保育実践に挑戦し続けることが大切なのです。その姿勢が，すべてをプラスに変えていくことでしょう。子どもの主体性を大切にして，子どもと共に保育を創造するためにはチャレンジする気持ちが何より必要なのです。

　最後に，本書の刊行にあたりご協力いただいた保育関係者の皆様，建帛社編集部の方々に，心からお礼を申し上げます。

　2023年1月

　　　　　　　　　　　　　　　　　　　　編著者　清水陽子・新井美保子・吉田真弓

目　　次

第1章 保育内容総論で学ぶこと

《学びのポイント》
1．保育内容を総合的に理解する。
2．保育の全体的な構造を理解する。

1．保育を総合的にとらえる

　乳幼児期は，人間の一生の中で重要な意味をもつ時期であることが，近年の脳科学・発達心理学・幼児教育学などの研究成果により，周知されるようになった。乳幼児期の発達にふさわしい生活が，子どもの将来に影響を及ぼし，幸福な人生を送るための鍵となることを，数々の調査結果は示している。

　それでは，乳幼児にとって望ましい生活はどのような内容なのかという問いに，読者の皆さんは具体的に答えられるだろうか。その答えの鍵を，保育所保育指針（平成29年告示）から見ていきたい。

　乳幼児期の諸能力は，相互に関連し合い，総合的に発達していく。保育所保育指針には，乳幼児の資質・能力が，乳幼児の遊びと生活を通して総合的に育まれていく必要が記されている。乳幼児の生活全体を通して，養護（生命の保持，情緒の安定）と教育（健康・人間関係・環境・言葉・表現）が一体的に展開する保育を実践していくことが重要なのである。保育内容とは，子どもが園生活において経験する内容のすべて，つまり，その生活すべてを指している。

　「指定保育士養成施設の指定及び運営の基準」[1]の「保育内容総論」の授業目標として，「保育所保育指針における『保育の目標』『育みたい資質・能力』『幼児期の終わりまでに育ってほしい姿』と『保育の内容』の関連を理解する」ことがあげられているのはそのためである。また，保育所保育指針の各章のつながりを読み取り，保育の全体的な構造を理解することも目標として示されている（「育みたい資質・能力」「幼児期の終わりまでに育ってほしい姿」については，本章4．，p. 4参照）。このことから，保育の内容を総合的にとらえる視点をもつ重要性がわかることだろう。

　保育所保育指針の「保育の目標」には，「子どもが現在を最も良く生き，望ましい未来をつくり出す力の基礎を培う」ことと，入所する子どもの保護者に対しての援助が記されている。保育所は，乳幼児期の子どもたちが，快適に毎日を生き生きと過ごすとともに，長期的視野をもってその「未来」を見据えた計画の下で，生涯にわたる生きる力の基礎が培われることを目標とした保育施設なのである。

　さて，「生涯にわたる生きる力の基礎」は具体的にはどのように培われるのだろうか。この問

いに対する答えを，日本の幼児教育を長年リードしてきた倉橋惣三の『育ての心』[2]から見ていきたい。

「教育される教育者」

　教育はお互いである。それも知識を持てる者が，知識を持たぬものを教えてゆく意味では，或いは一方が与えるだけである。しかし，人が人に触れてゆく意味では，両方が，与えもし与えられもする。

　幼稚園では，与えることより触れ合うことが多い。しかも，あの純真善良な幼児と触れるのである。こっちの与えられる方が多いともいわなければならぬ。

　与える力に於いて優れているのみでなく，受くる力に於いても，先生の方が幼児より優れているべき筈である。その点に於て，幼児が受くるよりも，より多くを先生が受け得る筈である。

　幼稚園で，より多く教育されるものは，──より多くといわないまでも，幼稚園教育者はたえず幼児に教育される。

　教育はお互いである。

　倉橋は，さまざまな子どもの姿に心を動かし，子どもが自ら育とうとする姿の尊さを記した文章を残している。そこには，時代を超えた保育の神髄（本質）ともいうべき子ども観，保育観を見ることができる。

　「教育される教育者」では，子どもの現在のありのままを受け止め，一人一人の子どもの可能性や育つ力を認めるとき，保育者も子どもと共に成長することを，倉橋は伝えたかったのではないだろうか。「幼稚園教育者はたえず幼児に教育される」の言葉は，実践を通して保育者としての専門性が向上するのみならず，人間としても成長することを意味しているように思われる。最後の「教育はお互いである」の言葉は，子どもの願いを尊重する保育の意義を示す味わい深い言葉である。

2. 保育内容とは

　「保育内容」という言葉が使用されるようになったのは，1947（昭和22）年，学校教育法，および1948（昭和23）年に刊行された保育要領が始めである。

　初めて「領域」という考え方が導入されたのは，1956（昭和31）年に刊行された幼稚園教育要領においてである。この幼稚園教育要領では，領域について「幼児の具体的な生活経験は，ほとんど常に，これらいくつかの領域にまたがり，交錯して現れる。したがってこの内容を一応組織的に考え，かつ指導計画を立案するための便宜からしたものである」と記述され，「健康」「自然」「社会」「言語」「音楽リズム」「絵画製作」の6領域に分類された。

　しかし，実際には，6つの領域が小学校以上の教科と混同される結果となったため，その後改訂され，幼児の発達の側面から現在の「健康」「人間関係」「環境」「言葉」「表現」の5つの領域ごとにねらいが示されることになった。

幼稚園教育要領（平成29年告示）の第2章において，「ねらいは，幼稚園教育において育みたい資質・能力を幼児の生活する姿から捉えたものであり，内容は，ねらいを達成するために指導する事項である」と示されている。さらに，「各領域に示すねらいは，幼稚園における生活の全体を通じ，幼児が様々な体験を積み重ねる中で相互に関連をもちながら次第に達成に向かうものであること，内容は，幼児が環境に関わって展開する具体的な活動を通して総合的に指導されるものである」としている。

5領域は次の通りである。

① 心身の健康に関する領域「健康」
② 人との関わりに関する領域「人間関係」
③ 身近な環境との関わりに関する領域「環境」
④ 言葉の獲得に関する領域「言葉」
⑤ 感性と表現に関する領域「表現」

幼児期の教育は，「生涯にわたる人格形成の基礎を培う重要なものであることにかんがみ，国及び地方公共団体は，幼児の健やかな成長に資する良好な環境の整備その他適当な方法によって，その振興に努めなければならないこと」と，幼稚園教育要領前文に示されている。

すべての子どもが，良好な教育環境が与えられる権利をもっていることを踏まえ，0歳児からの発達にふさわしい保育内容について学びを深めていきたい。

3. 保育の構造

子どもが園生活において経験する保育内容は，各施設で実践される保育のガイドラインである幼稚園教育要領，保育所保育指針，幼保連携型認定こども園教育・保育要領（いずれも平成29年告示）に示されている。そして，幼稚園や保育所，幼保連携型認定こども園で，子どもを保育・教育する専門家は，それぞれの施設での呼称もあるが，共通して保育者と呼ばれる。

実際の保育場面においては，各領域の「ねらい及び内容」を個別に取り出して指導することは不可能といえる。乳幼児期の保育は，遊びを通した総合的な指導の中で，子どもの生きる力を育てることが大切である。生きる力のもととなる心情・意欲・態度を育てることは，これまでの保育においても大切にされてきたが，さらに実践における子どもの具体的な育ちの姿をとらえつつ，保育の充実を図ることが求められている。

保育所保育指針の「保育の目標」には「保育所の保育は，子どもが現在を最も良く生き，望ましい未来をつくり出す力の基礎を培うために，次の目標を目指して行わなければならない」として，6つの具体的な目標が記されている。

（ア）十分に養護の行き届いた環境の下に，くつろいだ雰囲気の中で子どもの様々な欲求を満たし，生命の保持及び情緒の安定を図ること。

（イ）健康，安全など生活に必要な基本的な習慣や態度を養い，心身の健康の基礎を培うこと。

（ウ）人との関わりの中で，人に対する愛情と信頼感，そして人権を大切にする心を育てるととも

に，自主，自立及び協調の態度を養い，道徳性の芽生えを培うこと。

（エ）生命，自然及び社会の事象についての興味や関心を育て，それらに対する豊かな心情や思考
　　　力の芽生えを培うこと。

（オ）生活の中で，言葉への興味や関心を育て，話したり，聞いたり，相手の話を理解しようとす
　　　るなど，言葉の豊かさを養うこと。

（カ）様々な体験を通して，豊かな感性や表現力を育み，創造性の芽生えを培うこと。

　この「保育の目標」からは，子どもの心と体を健全に育てる充実した養護を基盤とした保育
が，子どもの生活に必要なことを読み取ることができる。また，この目標は保育内容の5領域の
ねらいと共通点がある。

　保育者は，言葉では表現できないが「言葉にならない想い」をもっている乳幼児の気持ちを理
解することから，保育はスタートすることに留意し，目標の実現を目指さなければならない。
p. 2にも引用した倉橋惣三の『育ての心』[3）]から，次の文章を紹介したい。

「ひきつけられて」
　子どもがいたずらをしている。その一生懸命さに引きつけられて，止めるのを忘れている人。気
がついて止めてみたが，またすぐに始めた。そんなに面白いのか，なるほど，子どもとしてはさぞ
面白かろうと，識らず識らず引きつけられて，ほほえみながら，叱るのをも忘れている人。
　実際には直ぐに止めなければ困る。教育的には，素より叱らなければためにならぬ。しかも，そ
れよりも先ず，取り敢えず，子どもの今，その今の心もちに引きつけられる人である。
　それだけでは教育になるまい。しかし，教育の前に，先ず子どもに引きつけられてこそ，子ども
へ即くというものである。子どもにとってうれしい人とは，こういう先生をいうのであろう。側か
ら見ていてもうれしい光景である。

　大人から見れば，いたずらにしか見えない場面も，子どもにとっては一生懸命試行錯誤しつ
つ，身近にあるモノや環境と関わっているのかもしれない。大人の価値観で，子どもの行為を判
断するのではなく，柔軟かつ多面的な理解をすることが，子どもを「有能な学び手」にするとい
える。このような保育者の対応から，豊かな遊びの世界が広がることにも心を留めたいものであ
る。

4. 保育内容の共通性

　幼稚園教育要領，保育所保育指針，幼保連携型認定こども園教育・保育要領には共通した内容
が組み込まれている。それは，幼児教育を行う施設として共有すべき事項の「育みたい資質・能
力」と「幼児期の終わりまでに育ってほしい姿」である。

　2017（平成29）年の改訂・改定では，育みたい資質・能力については，その3つの柱全体をと
らえ，全体の計画や教育課程を通して，それらの資質・能力をいかに育成していくかという観点

から，乳幼児期から初等中等教育，さらに高等教育までの構造的な見直しが求められている。これは，学習の主体者である子ども自身が「どのように社会・世界と関わり，よりよい人生を送るか」ということが重視されるようになったためである。

育みたい資質・能力は，以下の3つである。

① 豊かな体験を通じて，感じたり，気付いたり，分かったり，できるようになったりする「知識及び技能の基礎」

② 気付いたことや，できるようになったことなどを使い，考えたり，試したり，工夫したり，表現したりする「思考力，判断力，表現力等の基礎」

③ 心情，意欲，態度が育つ中で，よりよい生活を営もうとする「学びに向かう力，人間性等」

幼児期の終わりまでに育ってほしい姿の10の項目は，保育内容の領域のねらい・内容と関連があることがわかる。この10の項目は，子どもの育つ姿を，領域のねらい・内容と関連してとらえることに意味があるといえるだろう。3つの柱と10の姿は，保育実践を振り返り，全体的な計画や評価に生かしていく指針とすべきものである（図1-1）。

幼稚園教育要領前文に示されているように，「一人一人の幼児が，将来，自分のよさや可能性を認識するとともに，あらゆる他者を価値のある存在として尊重し，多様な人々と協働しながら様々な社会的変化を乗り越え，豊かな人生を切り拓き，持続可能な社会の創り手となることができるようにするための基礎を培う」ことが求められる。

子どもが主体的に遊びを生み出すために必要な環境を整え，一人一人の資質・能力を育んでいく環境を，家庭や地域の人々と連携し協働してつくりあげる役割が保育者には期待される。

「保育内容総論」の授業では，子どもの生活全体を把握しつつ，その中での子どもの興味・関心に共感し，保育実践を子どもと一緒に創造することを学んでいただきたい。

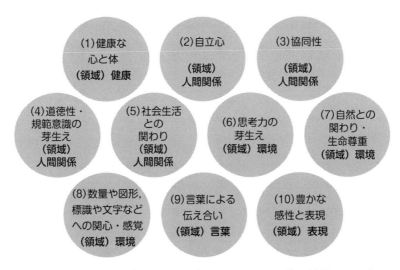

図1-1　幼児期の終わりまでに育ってほしい10の姿の整理イメージ

（文部科学省：幼児期の教育と小学校教育の円滑な接続の在り方に関する調査研究協力者会議「幼児期の教育と小学校教育の円滑な接続の在り方について（報告）」，pp.22-24，2010に基づく整理）

演習課題

1．保育所保育指針を参考に，「保育の目標」「育みたい資質・能力」「幼児期の終わりまでに育ってほしい姿」と「保育の内容」の関連について気付いたことを話し合おう。

2．実践記録や事例を読んで，養護と教育の一体的展開について，具体的な配慮事項を発表し合ってみよう。

引用文献

1）厚生労働省：「指定保育士養成施設の指定及び運営の基準について」平成30年4月27日，厚生労働省雇用均等・児童家庭局長通知
2）倉橋惣三：倉橋惣三文庫 3，育ての心（上），フレーベル館，p.47，2008
3）倉橋惣三：倉橋惣三文庫 3，育ての心（上），フレーベル館，p.36，2008

参考文献

・ダナ・サスキンド著，掛札逸美・高山静子訳：3000万語の格差―赤ちゃんの脳をつくる，親と保育者の話しかけ―，明石書店，2018

第**2**章　保育内容の歴史的変遷

《学びのポイント》
1. 明治期から現代まで，各時期の保育内容にはどのような内容が示されていたのか理解する。
2. 保育内容の変遷を通じて，保育・幼児教育に対する考え方の変化について理解する。

　保育内容とは，「保育の目標に即して育む資質や能力，それらを培うために保育者の指導のもとで幼児が経験する事項を特質に応じて分類し組織したもの」[1]である。つまり，保育所や幼稚園，認定こども園等で，保育目標に合わせて子どもたちが経験する事柄である。しかし，保育内容はいつの時代も同じ内容ではなく，時代の移り変わりとともに変化してきた。なぜ，どのように変化したのか，幼稚園誕生の時代から現代までの変遷について，幼稚園を中心に学んでいく。

1．戦前の保育内容

（1）幼稚園の創設
　1876（明治9）年11月に東京女子師範学校附属幼稚園（現在のお茶の水女子大学附属幼稚園）が創設され，日本で最初の幼稚園が始まった。開設当初はフレーベル（第7章，p.63参照）などの西洋教育思想に刺激を受けた時期であり，フレーベルの保育法について学んでいたドイツ人の松野クララを主任保姆（保母）として保育が行われた。当時の保育内容については，幼稚園が開設した1876年時点で，仮定ではあるが幼稚園規則が作られており，保育科目（遊戯，運動，談話，唱歌，開誘）や時間表が決められていた。
　この規則は1877（明治10）年に「東京女子師範学校附属幼稚園規則」として改正され，保育科目は「物品科，美麗科，知識科」の3科目に分けられた。この3つは，フレーベルの恩物を用いた表現が「生活の形式」「美の形式」「認識の形式」と呼ばれていたことを踏まえた名称である。これらの3科目に25の子目が含まれる構成の保育内容となっていた。25の子目とは，具体的に「五彩球ノ遊ヒ，三形物ノ理解，貝ノ遊ヒ，鎖ノ連接，形体ノ積ミ方，形体ノ置キ方，木箸ノ置キ方，環ノ置キ方，剪紙，剪紙貼付，針画，縫画，石盤図画，織紙，畳紙，木箸細工，粘土細工，木片ノ組ミ方，紙片ノ組ミ方，計数，博物理解，唱歌，説話，体操，遊戯」が示されており，大半が二十遊嬉（フレーベルの恩物）を中心とする内容であった。当初の「保育時間表」は表2-1に示した通り，一日の保育は上記の附属幼稚園規則で定められた保育内容ごとに30分もし

表2-1　当初の保育時間表

保育時間表　第一ノ組　小児満五年以上満六年以下	月	火	水	木	金	土
三十分	室内会集	同	同	同	同	同
三十分	博物修身等ノ話	計数（一ヨリ百ニ至ル）	木箸細工（木箸ヲ折リテ四分ノ一以下分数ノ理ヲ知ラシメ或ハ文字及ヒ数字ヲ作ル）	唱歌	木箸細工（豆ヲ用ヒテ六面形及ヒ日用器物ノ形体ヲ模造ス）	木片組ミ方及ヒ粘土細工
四十五分	形体置キ方（第七箱ヨリ第九箱ニ至ル）	形体積ミ方（第五箱）及ヒ小話	剪紙及ヒ同貼付	形体置キ方（第九箱ヨリ第十一箱ニ至ル）	形体積ミ方（第五箱ヨリ第六箱ニ至ル）	環置キ方
四十五分	図画及ヒ紙片組ミ方	針画	歴史上ノ話	畳紙	織紙	縫画
一時半	遊戯	同	同	同	同	同

但シ保育ノ余間ニ体操ヲ為サシム

（勝部真長・堀合文子・村田修子他：年表・幼稚園百年史，国土社，p.23, 1976）

くは45分の時間で区切り，行われていた。また，「遊戯」の時間は1時間半設定されていた。当時のフレーベル主義の園では幼児一人用の畑で植物栽培を行っており，附属幼稚園においても同様であったとされる。

このように，幼稚園創設当初の保育内容は，主にフレーベルの恩物に関する活動が，子どもたちが経験する内容として設定されていた（写真2-1，2-2）。

その後，1881（明治14）年に附属幼稚園規則が改正されたことで，保育内容も改められた。このときの改正の要点としては，3つの保育科目（物品科・美麗科・知識科）が廃止され，従来「子目」と呼ばれていたものが残された。その内容も1877（明治10）年のものから変化した「会集，修身ノ話（説話から変更），庶物ノ話（博物理解から変更），雛遊ヒ，木ノ積立テ，板排へ，箸排へ，鐶排へ，豆細工，土細工，鎖繋キ，紙織リ，紙摺ミ，紙刺シ，縫取リ，紙剪リ，結ヒ物，画，数へ方，読ミ方，書キ方，唱歌，遊嬉，体操」の24課目が示された。なお，ここで新たに「読ミ方」「書キ方」が加えられているのは，文字の読み書きに対する親の要求を取り入れたものだとされている[2]。

1884（明治17）年には，附属幼稚園規則は再度改正され，保育内容は「会集，修身ノ話，庶物ノ話，木ノ積立テ，板排へ，箸排へ，鐶排へ，豆細工，珠繋キ，紙織リ，紙摺ミ，紙刺シ，縫取リ，紙剪リ，画キ方，数へ方，読ミ方，書キ方，唱歌，遊嬉」の20課目に整理された。また，このときの「保育ノ要旨」を見ると，保育の方法についても書かれている。さらに，「幼児ノ生育ノ為ニハ室外ノ遊ヲ最緊要ナリトス」として，戸外で遊ぶことの重要性も示された。東京女子師範学校附属幼稚園の規則は，各地方の幼稚園においてもモデルとして取り入れられ，幼稚園教育の在り方に大きな影響を及ぼした。

この頃，保育内容に唱歌が取り入れられるようになった。当時の唱歌は雅楽と西洋音楽を織り交ぜたものだったとされている。清水たづが書いた「保育唱歌」（1883年）には唱歌と遊戯歌が収録されており，遊戯歌の大部分は東京女子師範学校附属幼稚園の創設期から保育に関わっていた豊田芙雄や近藤浜が外国の歌詞

写真2-1　附属幼稚園で使用されていた教材例

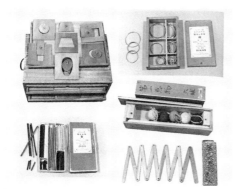

（勝部真長・堀合文子・村田修子他：年表・幼稚園百年史，
国土社，p.15，1976）

写真2-2　恩物を用いた保育風景

（日本保育学会：写真集　幼児保育百年の歩み，日本図書セン
ター，p.4，2015）

を翻訳して作ったものである。また，1883
（明治16）年には東京女子師範学校附属幼稚
園が主となり，幼児向きの唱歌が作られ，
1887（明治20）年には「幼稚園唱歌集」とし
て刊行された（表2-2）。「保育唱歌」は万葉
集や古今和歌集，あるいはフレーベルの歌の
翻訳を出典としていることに加え，歌詞が五
七調のため幼児向きとはいえなかったが，幼
稚園唱歌は当時の幼児の発声の節度，拍子の
緩急，調子の高低などに留意して作られてい
た。「幼稚園唱歌集」には「蝶々」のように
現在でも歌われる唱歌も収録されていた。

表2-2　「幼稚園唱歌集」に収録された歌

・心は猛く	・川瀬の千鳥	・うづまく水
・蝶々	・竹むら	・環
・進め進め	・雨露	・毬
・霞か雲か	・冬のそら	・兄弟妹
・学べよ	・花さく春	・操練
・仁古川鳥	・やよい桜	・風ぐるま
・友だち	・燕	・蜜蜂
・子供子供	・真直に立よ	・一羽の鳥
・若駒	・我大君	・数へ歌
・大原女	・ここなる門	

（文部省：幼稚園教育百年史，ひかりのくに，p.920，1979
をもとに筆者作成）

（2）遊び中心の保育への転換

　明治後半の時代には，アメリカの進歩主義教育の影響もあり，従来の恩物中心の保育から，子
どもの自発的な遊びへと方針が変わっていった。

　1899（明治32）年に文部省は「幼稚園保育及設備規程」を制定した。この規程は幼稚園に関す
る最初の単行法令であり，園児の年齢，保育時間，保姆（保母）一人に対する幼児の人数，保育
の要旨，保育項目，設備などが定められた。保育項目は「遊嬉，唱歌，談話，手技」の4項目と
なった。「遊嬉」とは遊び（随意遊嬉：各自が遊ぶ，共同遊嬉：歌曲に合わせて運動などをする），「唱
歌」は歌（平易な歌）を歌うこと，「談話」は有益で興味深い事実および寓話，「手技」はこれま
で幼稚園において行われてきた恩物に関する活動を意味した。幼稚園保育及設備規程では，従来
の東京女子師範学校附属幼稚園規則等における保育内容全体に見られた，恩物に関する活動が手
技のみにまとめられるなど，これまでのフレーベルの恩物中心主義的な保育から，遊びや歌，お
話など，子どもの実態に合わせた保育に改変しようとしたことが読み取れる。

　このような恩物中心の保育から脱却しつつあった時期において重要となるのが東基吉（1872-

1958）や，倉橋惣三（1882-1955）である。1900（明治33）年に東京女子師範学校助教授に，そして幼稚園批評係りとなった東基吉は，当時の附属幼稚園における保育が保守的であったことを指摘している。東は雑誌「婦人と子ども」において「幼児保育につきて」という記事を書いており，この中でフレーベルの言葉である「幼児保育の根本主義と云ふものは子供の自由活動にある」を用い，幼稚園においては遊戯が主要であるとした。そして，遊びにおいて大人の目線から子どもを解釈し，干渉し過ぎていることを批判し，より自由に子どもらしく遊ばせることを強調した。また，恩物の使用についても，恩物がもつ意味を子どもが理解することはできないとして，形式的に恩物を経験させようとする当時の保育を批判した。

　1917（大正6）年に東京女子師範学校教授，兼附属幼稚園主事に着任した倉橋惣三は，附属幼稚園の保育に大きな変化をもたらした。倉橋は1910（明治43）年に同師範学校嘱託講師となり，附属幼稚園にある保育書類を読む中で幼稚園に興味をもち，フレーベルについても学ぶようになった。その上で子どもにとって大切なことは何かを考え，1915（大正4）年の「幼児教育の特色」という講演において，倉橋は子どもの自発的な生活を尊重することの重要性や，子どもの生活を「渾然として分割しない」こと，つまり一つ一つ単元のように分けられた生活ではなく，多方面のものが含まれた全体的な生活を重視すること，幼児教育は観念を中心とするものではなく，子どもの情緒面を中心として行われなければならないことを述べた。また，倉橋

表2-3　奈良女子高等師範学校附属幼稚園の保育要目（年長組）の一部

奈良女子高等師範学校附属幼稚園の保育要目（一部）

保育題材　（遊）は遊戯、（唱）は唱歌、（観）は観察、（談）は談話、（画）は図画、（手）は手技の略

四月	五月
(1) 自由遊（談・唱）	(1) 自由遊（談・唱）
(2) 矯正的運動（談・唱）	(2) 矯正的運動（談・唱）
(3) 郊外散歩（観・遊）	(3) 学校記念日（観）
(4) 摘草（観・手）	(4) 聖武天皇祭（観）
(5) 花たば（観・手）	(5) 大仏殿参詣（観）
(6) 花祭り（観・談）	(6) 桃太郎遊（唱・手）
(7) 桜（観・唱・談）	(7) 鯉幟（観・唱・遊）
(8) 野に出て遊ばん（唱・手・遊）	(8) かくれんぼ（談・観・唱・手・画・遊）
	(9) 五月節句（談・唱・遊）
	(10) 金太郎（談・唱・遊）
	(11) 兜（手・遊）
(9) 花籠（手）	(12) 玩具のマーチ（唱・遊）
(10) 花籠（観・談・手・画）	(13) 船の遊（手・遊）
(11) 船（唱・談）	(14) 郊外散歩（観・遊）
(12) 天長節（唱・画）	(15) 苺籠（手）
(13) 絵本回覧（画）	(16) 苺採集（手）
(14) 誕生日祝（唱・観・手）	(17) 朝顔鉢手入（観）
(15) 家遊び（観・談・手・唱・遊）	(18) 藤の花（観・手）
(16) 凧揚げ（観・唱・談）	(19) 三匹の小豚（談）
	(20) 鹿と兎と鳶（談）
	(21) 魔法の笛（談）
	(22) 林檎（観・手）
(17) 水兵（遊）	(23) 家遊び（観・談・手・遊）
(18) 輪取り（遊）	(24) ひよこと蝶（観・談）
(19) 自由描方（画）	(25) 海軍記念日（談）
(20) 花壇・菜圃・動物舎の観察	(26) 春日神社参詣（観）
(21) 偶発事項	(27) 絵本回覧（画）
(22) 衛生上の注意	(28) 自由描方（画）
(23) 既習練習事項	(29) 身体検査
	(30) 花壇・菜圃・動物舎等観察
	(31) 衛生上の注意
	(32) 偶発事項
	(33) 既習練習事項

（文部省：幼稚園教育百年史，ひかりのくに，p.245，1979）

は附属幼稚園主事となった後，まず幼稚園にあるフレーベルの恩物を棚から降ろし，第一，第二その他系列の恩物を混ぜて竹かごの中へ入れたとされている。これまで決められた方法に則って使用されていた恩物を，積み木玩具として使用したのである。この出来事には，子どもの積み木遊びを，子ども主体の積み木遊びとして遊ばせたかったという倉橋の思いがある。東基吉や倉橋惣三など，当時の幼稚園教育を変えようとする人々によって，保育の考え方は形式的なものから子どものありのままの姿を重視したものへ変わっていった。

　その後，1926（大正15）年４月に，日本における幼稚園に関する最初の単独勅令である幼稚園令が制定された。そこでは，幼稚園の目的を「幼稚園ハ幼児ヲ保育シテ其ノ心身ヲ健全ニ発達セシメ善良ナル性情ヲ涵養シ家庭教育ヲ補フヲ以テ目的トス」とされ，保育を通して人間性の基礎を培うことが示された。また，同時期に制定された「幼稚園令施行規則」では，保育内容に従来の「遊嬉，唱歌，談話，手技」に加えて「観察」が入った。ここでの観察は「自然及人事ニ属スル観察ヲナサシムルコト」とされた。それはいわゆる理科的な観察を意味するのではなく，「ありのままにその事物に直面して見分を広める程度」として，幼稚園では生き物の飼育や草花の栽培などが行われるようになった。保育項目「観察」の追加により，保育内容は「遊戯，唱歌，観察，談話，手技等」と表記されるようになり，「等」が加わったことで各園の実態に応じて工夫をする余地ができた（表２–３）。昭和前期の調査（「本邦保育施設ニ関スル調査」）によると，公立幼稚園・私立幼稚園全体の39％が「登園—自由遊—会集—設定—昼食—自由遊—退園」，全体の36％が「登園—自由遊—会集—設定—昼食—設定—退園」の流れで保育を行っており，多くの園で自由遊びが取り入れられていたことがわかる。

　しかし，その後の昭和前期から太平洋戦争にかけて，幼稚園における教育は自由保育から戦時色が加わるようになった。さらに1941（昭和16）年，太平洋戦争が始まると，各園の保育の目的や方針，内容に戦争に関連した活動が入るなど，保育内容にも戦争の影響が見られるようになった。

（3）保育所の始まり

　明治期に創られた幼稚園は，主に上流階級の子どもたちが通うことができる施設だったが，現在でいう保育所的な役割を果たした施設は，貧困層の子どもたちを預ける託児所的な施設から始まった。赤沢鍾美・ナカ夫妻は1890（明治23）年に新潟静修学校において託児施設を開設した。これは後に「守孤扶独幼稚児保護会」に発展し，日本で初めての託児所となった。実際に行われていた内容としては，子守りをしながら授業を受けている児童の弟や妹を別室に誘い，菓子や玩具を与えたり，手芸や唱歌などを教えたりしたとされている。

　東京では野口幽香，森島峰により，1900（明治33）年に貧困層の子どもを保育するため，二葉幼稚園（後に二葉保育園へと名称変更）が開設された。二葉幼稚園は小さな借家を使用しており，広い部屋を遊戯室とし，他の一室には台を置いて仕事・食事用としていた。また，庭は遊技場となっていた。「私立二葉幼稚園規則」には保育項目として「遊嬉・唱歌・談話及手技」が示された。ただし，貧困層の子どもの実態に合わせ，他の幼稚園のように多くの恩物を用いることや，子どもを規則にはめ込むことは避け，遊戯中心に保育が行われていたとされている。

　このように，保育所は貧困層で保護者や兄姉が世話をすることが難しい子どもを預かったこと

から始まり，当初は託児の要素が強かったものの，徐々に保育内容が設定されるようになっていった。

2．戦後の保育内容—保育内容6領域へ—

（1）「保育要領」に見られる保育内容

　終戦後，日本では教育制度の改革が進められ，幼稚園教育にも大きな変化があった。まず，1947（昭和22）年には学校教育法が成立し，新たな教育制度が発足した。これに伴い，幼稚園も学校に含まれることになった。そして，1948（昭和23）年には幼稚園教育要領の前身となる「保育要領」が文部省から刊行され，保育内容も新しく書き直された。これはGHQ（連合国軍最高司令官総司令部）の機関に所属するヘレン・ヘファナンの指導のもと，倉橋惣三が中心となって作成したものである。なお，この保育要領は幼稚園だけではなく，保育所も含めて幼児教育全体の参考になる手引書として作成されたところが大きな特徴である。

　保育要領では，保育内容について「楽しい幼児の経験」として「見学，リズム，休息，自由遊び，音楽，お話，絵画，製作，自然観察，ごっこ遊び・劇遊び・人形芝居，健康保育，年中行事」の12項目があげられた。戦前の「遊戯，唱歌，観察，談話，手技等」と比べると，自由遊び，音楽，ごっこ遊び・劇遊び・人形芝居など，子どもの活動が具体的に示されている。「保育要領」では，幼児期の子どもたちの生活全体を「幼児の楽しい経験」としてあげており，子どもの実態に合わせ，広い視点で保育をとらえた内容が示された。

（2）保育所と「児童福祉施設最低基準」

　戦前において，現在の保育所的な施設は「託児所」として広まったが，1947年に児童福祉法が成立すると，児童福祉施設として「保育所」が規定され，新たな保育施設がスタートした。児童福祉法制定時の条文を見ると「第24条　市町村長は，保護者の労働又は疾病等の事由により，その監護すべき乳児又は幼児の保育に欠けるところがあると認めるときは，その乳児又は幼児を保育所に入所させて保育しなければならない（後略）」とあるように，保育所は労働等を理由に育児が難しい家庭を対象にしており，幼稚園と役割を分けることになった。

　保育所の保育内容については，1948年に制定された「児童福祉施設最低基準」（厚生省令）に示された。その中で，保育の内容は「健康状態の観察，個別検査，自由遊び及び午睡の外，（中略）健康診断を含む」とされ，さらに「自由遊び」については「音楽，リズム，絵画，製作，お話，自然観察，社会観察，集団遊び等を含む」と示された。また，1950（昭和25）年には厚生省から「保育所運営要領」が出され，保育所運営の指標となった。その後，子どもの発達とそれに応じた生活指導の在り方，保育計画の立て方，保育児童の問題など，児童福祉施設一般にわたる保育の専門事項を取りまとめた「保育指針」が1952（昭和27）年に刊行された。保育指針の中身は「1. 保育の目標と原理，2. 生活の環境とその調整，3. 身体とその機能の発達，4. 精神の発達，5. 生活指導，6. 保育計画，7. 保育の実際におこる問題」の7章から構成されており，「5. 生活

指導」には「(2) 遊びの指導」の項目において，遊具の与え方，絵本の与え方が書かれているほか，「(3) 能力の育成」では「言語，描画，制作，音楽・リズム，自然観察，社会観察，勤労」など，活動ごとに細かく記載されていた。

(3) 最初の「幼稚園教育要領」と「保育所保育指針」の刊行

　1950年代，サンフランシスコ講和条約を経て日本が独立した時期には，教育においても改革が行われた。幼稚園はこれまでの「保育要領」に代わり，1956 (昭和31) 年に「幼稚園教育要領」が刊行された。幼稚園教育要領第2章幼稚園教育の内容では，保育内容が「1. 健康，2. 社会，3. 自然，4. 言語，5. 音楽リズム，6. 絵画製作」の6領域となった。保育内容は全面的に改訂され，各内容には「(1) 幼児の発達上の特質」「(2) 望ましい経験」が示された。「(2) 望ましい経験」においては，子どもたちが経験すべき内容があげられていたものの，その内容は非常に詳細であった。例えば「1. 健康」の「望ましい経験」の一部をあげると，以下のように健康生活のための習慣に関する一つ一つの行動について記載されている。

　1．健康生活のためのよい習慣をつける

清　　潔

○皮膚・髪の毛・つめなどをきれいにする。　　○仕事や遊びのあと，よごれた手足や顔をきれいにする。

○せっけんや消毒液の使い方を知る。　　○歯をみがいたり，うがいをしたりする。

○はなをかむ。　　　　○汗をふく。　　○手ぬぐいやハンカチは，きれいなものを使う。

○ちり紙やハンカチを，いつも持っている。　　○はな紙や紙くずは，きめられた所に捨てる。

○使いよごした道具は，きれいにしておく。　　○水飲場や手洗場などをきれいに使う。

○戸や窓を開閉して換気する。

　この他にも記載内容は多岐にわたり，望ましい経験だけでも6領域すべて合わせると200以上の項目があげられている。幼稚園教育要領刊行によって，幼稚園における教育が具体的・詳細に分類されたが，結果として幼稚園が小学校教育と同様であるとする認識や，従来の領域主義・教科主義につながったとされている。幼稚園教育要領は1964 (昭和39) 年に改訂され，形式は1956年とは若干異なるものの「(2) 望ましい経験」に該当する箇所は整理され，140程度となっている。なお，幼稚園教育要領は1964年の改訂で告示化され，法的拘束力をもつものとなった。

　この動きに呼応して，保育所でも1965 (昭和40) 年に「保育所保育指針」が刊行された。保育所保育指針では，乳児から幼児にかけて，年齢区分による保育内容が設定された。具体的には，1歳3か月以上2歳までが「生活，遊び」の2領域，2歳は「健康，社会，遊び」の3領域，3歳は「健康，社会，言語，遊び」の4領域，4歳・5歳・6歳は「健康・社会・言語・自然・音楽・造形」の6領域と示された。4歳・5歳・6歳については，幼稚園教育要領における保育内容と概ね共通する内容となっている。しかし，法的拘束力をもつ幼稚園教育要領に対し，保育所保育指針は厚生省児童家庭局長通達として出され，保育内容・保育計画を作成するためのガイドライン的な位置付けに留まった。

3．平成の改訂・改定─保育内容５領域へ─

（1）平成の改訂・改定で５領域へ

　1964（昭和39）年の幼稚園教育要領の改訂，1965（昭和40）年の保育所保育指針の刊行以来，日本の保育はこの２つの教育要領・保育指針をもとに行われてきたが，1989（平成元）年に幼稚園教育要領が，1990（平成２）年に保育所保育指針が改訂・改定されることになった。その背景として，当時の社会における変化がある。この時期は，1970年代の第二次ベビーブームが過ぎ，少子化が進むとともに，都市化，核家族化，情報化社会の進展など，日本社会，そして子どもや子育てを取り巻く環境が大きく変化した時期である。幼稚園教育要領，保育所保育指針は前回の改訂および刊行から25年も経過しており，社会状況に合わせた改訂・改定の必要性があった。そこで，教育改革として「学校中心から生涯学習体系への移行」「個性重視」「時代の変化に対応する教育」が打ち出された。

　1989年には幼稚園教育要領が改訂され，幼児教育は大きく方針を転換した。従来の幼稚園教育要領が結果的に保育者主導の設定保育になっていた実態から，子ども主体の自由遊びを中心とする保育へ変えようとしたのである。つまり，知識・技能を重視したそれまでの幼稚園教育要領に対し，子どもの主体性や心情・意欲・態度を尊重した方針に転換したことが，改訂の重要なポイントであったといえる。従前の要領に記載されていた「～ができる」という表記は使用されず，「気付く」「興味や関心をもつ」「楽しさを味わう」などの表記が増えた。さらに，幼稚園教育は「環境を通して行うものである」ことが第１章総則に明記された。

　保育内容としては，従来の６領域（健康，社会，自然，言語，音楽リズム，絵画製作）から「健康，人間関係，環境，言葉，表現」の５領域に編成され，各領域には「ねらい」「内容」が示された。1989年の改訂で初めて示された「ねらい」とは「幼稚園修了までに育つことが期待される心情，意欲，態度」などをまとめたものであり，「内容」とは「ねらいを達成するために指導する事項」であると示された。つまり，幼稚園生活の中で育てたいことが「ねらい」に，そのために幼児が経験する具体的な事柄が「内容」となった。新たに編成された５領域は，「心身の健康に関する領域」が「健康」，「人との関わりに関する領域」が「人間関係」，「身近な環境との関わりに関する領域」が「環境」，「言葉の獲得に関する領域」が「言葉」，「感性と表現に関する領域」が「表現」と説明された。領域の変化の中でも重要なポイントが，領域「環境」の追加である。領域「環境」は幼稚園教育要領において「この領域は，自然や社会の事象などの身近な環境に積極的にかかわる力を育て，生活に取り入れていこうとする態度を養う観点から示したものである」と記載された。教師が子どもに一方的に活動させるのではなく，子どもが身の回りのあらゆるものに触れ，興味・関心をもち，感動したり考えたりすることで探究心が育つという，当時の改訂の考え方が反映された領域となった。1989年の改訂は幼児教育の転換点であり，現在も同じ５領域が使用されているように，その後の幼稚園教育要領等の礎（いしずえ）となった。

　保育所保育指針は，幼稚園教育要領改訂の翌年，1990年に改定された。幼稚園教育要領と同様に，当時の社会状況の変化を背景にした改定であるが，保育所保育指針の場合は低年齢児保育

の需要に対応して，乳児の年齢区分がさらに細かくなった。改定の主な内容としては，前年に改訂された幼稚園教育要領との整合性を図るため，従来の6領域（健康，社会，言語，自然，音楽，造形）から「健康，人間関係，環境，言葉，表現」の5領域に編成された。このときから，3歳以上の保育内容において幼稚園教育要領と保育所保育指針の5領域が全く同じ領域名で示されるようになった。なお，3歳未満児は発達の特性が未分化であるため，各領域で区分せずに示された。保育所保育指針の場合は各領域の「ねらい」が養護面と教育面の2つの性質を含み，子どもが保育所で安心して過ごせるために保育者が行う事項である養護に関するねらいと，子どもが自発的・主体的に環境に関わる活動を援助することにより，子どもたちに身に付くことが望まれる心情，意欲，態度である教育に関するねらいとして示された。また，内容においても「子どもが保育所で安定した生活を送るために必要な基礎的な事項，すなわち，生命の保持及び情緒の安定にかかわる事項」として，養護の基礎的事項が全年齢に示された。

　平成の改訂・改定により，保育は子どもの主体性を尊重し，遊びを通した総合的な指導や，一人一人の子どもに合わせた指導へと考え方が変化していった。

（2）子どもを取り巻く問題と保育内容の変化

　1990年の「1.57ショック」を契機に，進行する少子化への対策として1994（平成6）年に「エンゼルプラン」が策定された。女性の社会進出に伴う保育ニーズに合わせ，0〜2歳の低年齢児保育，延長保育など，保育サービスが求められるようになった。日本社会が大きく変化し，人々の生活水準も向上した反面，子どもを含めて人々の生活は「ゆとり」を失い，地域社会におけるつながりも弱まったことが指摘された。このような「ゆとり」のなさは子どもの不眠や疲れやすさなど，子どもの生活にも影響を及ぼしていると考えられた。さらに，体を使った遊びなど，基本的な運動の機会が著しく減少したことによる子どもの身体能力の低下も取り上げられた。

　このような背景から，1998（平成10）年には幼稚園教育要領が改訂，1999（平成11）年に保育所保育指針が改定された。保育内容には「生きる力」や「自然体験，社会体験の重視」に関する内容も記載された。幼稚園教育要領では，第1章総則において「教師は，幼児と人やものとのかかわりが重要であることを踏まえ，物的・空間的環境を構成しなければならない。また，教師は，幼児一人一人の活動の場面に応じて，様々な役割を果たし，その活動を豊かにしなければならない」という記載が加わるなど，幼児教育において教師が果たすべき役割が明確に示された。その翌年に改定された保育所保育指針では，保育内容部分に新たに「保育士の姿勢と関わりの視点」が加えられ，各年齢の具体的な姿や，それに合わせた保育者の援助について示された。

　その後，2008（平成20）年には幼稚園教育要領，保育所保育指針が同時改訂・改定された。保育所保育指針はこのときの改定から局長通知ではなく厚生労働大臣による告示となった。このことは保育所保育指針が遵守すべき法令として示されたことを意味し，保育所保育指針は日本における保育の基準となった。グローバル化が進み，さまざまな問題への対応も求められる時代の中で，1996（平成8）年の「生きる力を育む」という理念がますます重要視されるようになった。

　このときの幼稚園教育要領では，当時の子どもおよび社会の変化に対応し，園生活と家庭生活の連続性を確保し，計画的に環境を構成することや，「教育課程に係る教育時間の終了後等に行う教育活動」（いわゆる「預かり保育」）について改善が行われた。「預かり保育」について，その

活動の内容や意義が明確化されたことは，社会状況の変化に合わせた大きな変更点である。保育所保育指針では，第2章子どもの発達の中で子どもの発達を示し，第3章保育の内容は従来の年齢別記述から幼稚園教育要領の5領域と同様の記述に変更された。従来の「ねらい及び内容」には，養護に関するものと教育に関するものが混在していたが，2008年の改定で「養護に関わるねらい及び内容」（生命の保持，情緒の安定）が加えられ，「教育に関わるねらい及び内容」部分は幼稚園教育要領とほぼ共通のものとなった。ただし，子どもの誕生から就学までを長期的視野で見るため，乳児，3歳未満児，3歳以上児など発達過程に応じた配慮事項が記載された。

4．現在の保育内容

（1）認定こども園の誕生と現在の保育内容（2017年改訂・改定版）

　幼稚園は3〜5歳児が1日4時間程度の教育を受ける施設，保育所は保護者が就労しているなど「保育に欠ける」（当時の表現）0〜5歳児の子どもが利用できる施設と役割が分かれていた時代が長く続いた。しかし，現代にかけて増加した多様な保育ニーズへの対応として，幼稚園においても教育時間後に引き続き幼稚園を利用できる預かり保育を実施する園も増えたことで，幼稚園と保育所の境界は次第に薄れてきていた。そのような中，幼稚園と保育所を一体的に運営しようとする動きがあり，2006（平成18）年には認定こども園制度が始まった。この制度は実際の運用が難しいなどの課題もあり，その後2015（平成27）年に「子ども・子育て支援新制度」が制定され，「幼保連携型」を中心とする認定こども園制度に移行した。認定こども園は4類型（幼保連携型，幼稚園型，保育所型，地域裁量型）である。

　2017（平成29）年には幼稚園教育要領，保育所保育指針，幼保連携型認定こども園教育・保育要領が同時改訂・改定された。改訂・改定のポイントは，施設の種類にかかわらず，教育内容の共通化が図られたことである。そして，予測のつかない現代社会において，子どもたちの生きる力を培うため，3つの資質・能力（「知識及び技能の基礎」，「思考力，判断力，表現力等の基礎」，「学びに向かう力，人間性等」）が加えられた。この資質・能力は幼児教育から高等学校教育まで共通して示されたものであり，一貫性のある教育の実現が目指されているところが大きな変化である。また，「幼児期の終わりまでに育ってほしい姿」として10の具体的な姿が示され，幼児の発達の方向が意識しやすくなったことに加え，幼児教育と小学校教育をつなぐことも目指している。さらに，保育所保育指針と幼保連携型認定こども園教育・保育要領では1歳以上3歳未満児の保育内容に関する記載が充実された。また，保育所保育指針で重要となるのが第1章総則「4　幼児教育を行う施設として共有すべき事項」である。ここには3つの資質・能力と10の姿が記載された。保育所も「幼児教育を行う施設」として幼児教育の積極的な位置付けがされたことも，2017年改定の大きな変化である。このように，3つの要領や指針はその内容に整合性が一層図られ，就学前の幼児教育・保育施設として足並みをそろえることになった。

（2）保育内容変遷のまとめ

　ここまでを振り返ると，保育内容は明治に幼稚園が誕生した時代から現在にかけて，当時の社会状況や，子ども・子育てを取り巻く状況や教育観に応じて変化をしてきた。幼稚園が誕生した当初，保育内容はフレーベルの恩物を中心とした内容で形式的な保育に偏っていたが，子どもへの理解が深まり，保育について研究が進められる中で，子どもの「遊び」が重視されるようになった。しかし，戦争により国や人々に余裕がなくなるにつれて，保育内容は戦争に傾倒した内容になっていったことから，保育内容が社会状況の影響を受けていることが読み取れる。そして，戦後の教育改革の中で，子どもの具体的な経験が示された一方で，領域が科目的にとらえられた時代を経て，より子どもの主体性や「遊び」を尊重した内容に変化していった。そして，日本社会が発展する中で子どもに関する状況は大きく変化し，保育ニーズへの対応，子どもの育ちへの願いなどが，保育内容にも影響を与えてきた。現在，幼稚園，保育所，認定こども園は足並みをそろえ，施設の種類を越えて「子どもの育ちにとって大切なことは何か」ということが考えられている。乳児期，幼児期，そして児童期と見通しをもって広く子どもの姿を理解し，めまぐるしく変化する現代において子どもにとって必要な経験とは何かを考えていく必要がある。

演習課題

　1．保育要領の「楽しい幼児の経験」や，昭和の幼稚園教育要領，保育所保育指針における6領域など，過去の保育内容と現在の保育内容とを比べて，異なるところや共通するところを考えてみよう。
　2．戦前の幼稚園と託児所の性質や保育内容を比較し，それぞれどのような特徴があるか，考えてみよう。

引用文献
1）東京大学大学院教育学研究科附属発達保育実践政策学センター編著，秋田喜代美監修：保育学用語辞典，中央法規出版，p.262，2019
2）湯川嘉津美：日本幼稚園成立史の研究，風間書房，p.228，2001

参考文献
・勝部真長・堀合文子・村田修子他：年表・幼稚園百年史，国土社，1976
・坂元彦太郎：倉橋惣三・その人と思想，フレーベル館，1985
・汐見稔幸他：日本の保育の歴史　子ども観と保育の歴史150年，萌文書林，2017
・柴崎正行：戦後保育50年史　第2巻　保育内容と方法の研究，日本図書センター，2014
・日本保育学会：日本幼児保育史　第二巻（1976），第六巻（1978），フレーベル館
・東　基吉：幼児保育法につきて，「婦人と子ども」1巻1号，1901
・森上史朗：幼児教育への招待　いま子どもと保育がおもしろい，ミネルヴァ書房，1998
・文部省：幼稚園教育百年史，ひかりのくに，1979

第3章 幼稚園・保育所・認定こども園の一日

《学びのポイント》

1. 幼稚園，保育所，認定こども園の特徴を理解する。
2. 幼稚園，保育所，認定こども園の一日の流れと保育者の役割について理解する。

1．幼稚園・保育所・認定こども園とは

（1）3施設と3法令について

　小学校就学前の子どもが生活する集団の保育現場としては，大別すると「幼稚園」「保育所」「認定こども園」に分けられる。この時期の子どもたちにとって，教育や保育は生涯にわたる人格形成の基礎を培う重要な営みであり，適切に行われなければならない。これらの施設はその目的や機能，対象児などに違いがある。それぞれの違いについては表3-1に示す。

　表3-1が示すように，幼稚園と保育所はどちらも就学前の子どもを対象にした幼児教育施設であるにもかかわらず，制度上さまざまな点で異なる施設である。「幼稚園」は任意で入園できる施設であるが，「保育所」はその目的が「保育を必要とする乳児・幼児を日々保護者の下から通わせて保育を行うことを目的とする施設」であると，児童福祉法第39条に明記されている。このような前提で同じ時期の子どもたちが分けられることは好ましくないとの理由から「幼保一元化」や「幼保一体化」が進められることになった。その結果として，3歳以上の幼児に対する学校教育と保育を必要とする乳幼児への保育を一体的に行う「認定こども園」が誕生した。この施設は「幼稚園」と「保育所」の機能と地域子育て支援機能を併せもち，一体的に行うことができる施設である。具体的には認可幼稚園と認可保育所が一体的に運営を行う「幼保連携型認定こども園」，認可幼稚園が保育所の機能も併せもつ「幼稚園型認定こども園」，反対に認可保育所が幼稚園の機能も併せもつ「保育所型認定こども園」，そのどちらでもないが必要とされる機能をもつ「地方裁量型認定こども園」に分けられる。

　その中で，幼稚園教育要領，保育所保育指針，幼保連携型認定こども園教育・保育要領は，それぞれの施設において全体的な計画や指導計画を作成する上で基礎となる法令である。この3法令は，2017（平成29）年に初めて同時に告示され，子どもたちがどの保育施設に入園・入所しても同じように質の高い保育が受けられるよう保障されることになった。

　3つの施設に求められることは共通して「環境を通した教育」「乳児期からの発達と学びの連続性」「小学校教育との接続の在り方」の3点である。これらは子どもたちが今後進んでいく小

表3-1　幼稚園・保育所・認定こども園の違い

	幼稚園	保育所	幼保連携型認定こども園
所管省庁	文部科学省	内閣府（こども家庭庁）＊	内閣府（こども家庭庁）＊
根拠となる法令	学校教育法	児童福祉法	就学前の子どもに関する教育，保育等の総合的な提供の推進に関する法律 児童福祉法
目　的	幼稚園は，義務教育及びその後の教育の基礎を培うものとして，幼児を保育し，幼児の健やかな成長のために適当な環境を与えて，その心身の発達を助長することを目的とする	保育所は，保育を必要とする乳児・幼児を日々保護者の下から通わせて保育を行うことを目的とする施設とする	幼保連携型認定こども園とは，義務教育及びその後の教育の基礎を培うものとしての満3歳以上の子どもに対する教育並びに保育を必要とする子どもに対する保育を一体的に行い，これらの子どもの健やかな成長が図られるよう適当な環境を与えて，その心身の発達を助長するとともに，保護者に対する子育ての支援を行うことを目的とする施設とする
対象児	満3歳以上の幼児	保育を必要とする0歳以上の乳幼児	0歳以上の乳幼児（認定こども園の内容によって異なる）
教育・保育内容	幼稚園教育要領	保育所保育指針	幼保連携型認定こども園教育・保育要領
一日の教育・保育時間	4時間を標準とする。ただし，幼児の心身の発達の程度や季節などに適切に配慮するものとする	8時間を原則とし，その地方における乳幼児の保護者の労働時間その他家庭の状況等を考慮して，保育所の長がこれを定める	幼稚園・保育所に準ずる 保育を必要とする乳児・幼児については8時間を原則とする
教諭・保育士の資格	幼稚園教諭普通免許状	保育士資格証明書	保育教諭（幼稚園教諭免許状と保育士資格を併有する必要がある）
職員配置基準	幼稚園設置基準 1学級の幼児数は原則35人以下 1学級に教諭等1人	児童福祉施設の設備及び運営に関する基準 乳児：3人に保育士1人 1〜2歳児：6人に保育士1人 3歳児：20人に保育士1人 4歳児以上：30人に保育士1人	幼保連携型認定こども園の学級の編成，職員，設備及び運営に関する基準 満1歳未満：3人に保育教諭1人 1〜2歳児：6人に保育教諭1人 3歳児：20人に保育教諭1人 4歳児以上：30人に保育教諭1人

＊2023（令和5）年4月1日より。それ以前は，保育所は厚生労働省，幼保連携型認定こども園は内閣府・文部科学省・厚生労働省の所管。
（文部科学省：幼稚園教育要領解説，2018，厚生労働省：保育所保育指針解説，2018，内閣府・文部科学省・厚生労働省：幼保連携型認定こども園教育・保育要領解説，2018を参照し筆者作成）

学校以上の学校教育につながることが期待されている。そのため3施設とも共通して，卒園を迎えるまでの具体的な方向性として「幼児期の終わりまでに育ってほしい姿」（10の姿）に示されており（p. 5, 図1-1参照），小学校教育との接続への視点が明確になっている。

　この視点をもとにして，送り出す側の幼稚園・保育所・認定こども園の保育者と，受け入れる側の小学校教諭がお互いに勉強会や交流を行い一人一人の子どもの状況を共有することは，その後の子どもの成長・発達について重要な意味をもつ。

2．幼稚園の一日

　幼稚園は，学校教育法に基づいて設置された学校である。しかしながら，その内容や方法については，義務教育やその後の教育の基礎を培うものであるとしながらも，小学校以上の教科教育とは全く異なるものである。幼稚園では幼児の「心情・意欲・態度」を重視し，環境を通した「保育」が行われている。

　また，家庭や地域における幼児期の教育の支援に努めることと明示されており，保護者や関係者からの相談に応じ，必要な情報の提供や助言を行うなど「子育て支援機関」の一つとしての機能が求められている。

1）デイリープログラム（日課表）

　乳幼児の生活リズムをもとに，登園から降園まで時間に沿って主な活動内容を示したものを「デイリープログラム」という。長時間を園で過ごす子どもたちが日々安定した生活を送れるようにするために，子どもの月齢や発達，生活リズムなどに合わせて年齢ごとに，生活時間の指標として各園で作成されている。日々の保育は，このデイリープログラムに沿って立案，実践されている。

　表3−2は筆者が作成した幼稚園のデイリープログラムである。このデイリープログラムに沿って，幼稚園の一日を見ていくことにする。なお，開園・閉園時間や保育の流れなどは園ごとに異なることを書き添えておく。

2）A幼稚園の一日

① 登　　園

　保護者と一緒に徒歩や自家用車で登園する子ども，自宅近くで園のスクールバスに乗車して登園する子どもなど，子どもたちはさまざまな方法で登園をする。保育者は明るい笑顔と元気な挨拶で子どもたちを迎え入れる。その際，子どもの顔色や表情などを観察し，普段と違う点がないかを確認している。また，保護者に前日から今朝までの中で，子どもの様子で変わったことはないか（体調やけが，睡眠状況など）の確認も行っている。

　登園した子どもたちはまず，身支度を行う。制服から遊び着に着替え，鞄や帽子を決められた場所にしまう。

表3−2　A幼稚園
　　　　3歳児デイリープログラム

時　間	内　　容
8：00	順次登園 着替え，所持品の始末 自由遊び
10：00	片付け 朝の会
10：30	保育活動
11：00	片付け，昼食準備
12：00	昼食 片付け，歯磨き 自由遊び
13：30	降園準備 帰りの会
14：00	順次降園 希望者は預かり保育を実施

写真3−1　登園（幼稚園）

持ってきたタオルをタオル掛けに掛け，シール帳に出席シールを貼る。保育者は子どもの様子を見守りながら，必要な部分のみ，さりげない援助を行っている。とくに入園直後は一人で身支度を行うことが難しい子どももいるが，毎日繰り返すことで徐々にできるようになる。

②　自由遊び

身支度を終えた子どもたちは，保育室や園庭など，園内のさまざまな場所で好きな遊びを楽しむ。子どもたちが主体的に遊ぶことができるよう，保育者は子ども一人一人の行動の理解と予想に基づき，事前に保育室や園庭の環境を設定しておく。

保育者は登園してくる子どもたちの受け入れをしながら，十分に遊ぶことができているか，安全に遊ぶことができているか常に周りに意識を置いている。

自由遊びの時間は，さまざまな年齢，クラスの子どもたちが一緒になって遊ぶため，年上の子どもの遊びを真似たり，年下の子どもの世話をしたりと，クラスの中では見せない意外な顔を見せてくれることも多々ある。子どもにとって自由遊びの時間は大切な学びの時間となっている。

③　朝　の　会

クラスの子どもたちが保育室に集まり，朝の挨拶をすることから始まる。保育者は子ども一人一人の名前を呼びながら，表情や返事の様子から普段と違う点はないかを観察する。

朝の歌や季節の歌を歌ったり，絵本を読んだりすることで，楽しい一日が始まるという雰囲気をつくり，子どもたちの活動への意欲を引き出す。また，今日の予定を子どもたちに伝えることで，見通しをもち安心して一日を過ごすことができるように配慮している。

朝の会の時間を使って当番活動を行うこともある。当番活動を通して，責任感や達成感，人の役に立てる喜びなど，さまざまな気持ちを自然と育てることができる。活動内容は，当番が前に出て今日の日にちや天気を発表したり，朝の挨拶をしたりなどがよく行われている。張り切って当番活動を行う子どももいれば，恥ずかしがって，なかなか言葉が出ない子どももいる。一人一人に合わせた対応を心がけたい。

④　保　育　活　動

子どもたちの登園が完了し，遊びへの意欲が高まっている保育活動の時間は，一人でじっくりと取り組む遊び，数人の子どもで取り組む遊び，クラス全体での集団遊びなど，さまざまな形態での活動に取り組みやすい時間でもある。時には園全体で行事に取り組むこともあるだろう。幼稚園の特徴である集団生活の場であることを生かし，友だちと喜びや感動を共有し，時に葛藤し悩み

写真3-2　遊び（幼稚園）

写真3-3　朝の会（幼稚園）

写真3-4　保育活動（幼稚園）

ながら，子どもたちは自分と他の幼児の違いに気付き，友だちと楽しく活動するために必要な人間関係の調整の仕方について遊びを通して体験的に学んでいく。他者を思いやる気持ちや，互いを認め合うこと，皆が心地よく生活するために約束や決まりがあることなど，集団生活ならではの学びが多くある。

　幼児期にとって遊びは重要な学習として位置付けられており，子どもたちは遊びを通して，さまざまな体験を積み重ねながら保育のねらいを達成していく。集団での活動においても，一人一人が十分に遊びこむことができるよう，活動中は子どもの様子をしっかりと観察し，子どもの気持ちを大切にしながら柔軟に対応し活動を進めることが重要である。

　また，活動中の子どもたちの様子や発言内容などは，記録として残しておくとよい。保護者に園での様子を伝える材料となるだけでなく，子どもたちの興味や関心がどこに向かっているのかをとらえるよい資料となる。子どもたちの遊びをどのように発展させるのか，どのように展開させていくかなど，保育者は子どもの活動中の様子から，どのように保育をつなげていくのかを常に考えているのである。

⑤　昼　　食

　和やかな雰囲気の中で友だちや保育者と共に昼食を食べる喜びや楽しさを味わったり，メニュー名からどのような食材が使われているのか想像を膨らませたり，作ってくれた人への感謝の気持ちをもったりするなど，昼食の時間は子どもたちに食の大切さを伝える貴重な時間である。季節の食材や産地など，子どもたちがさまざまな食べ物への興味や関心をもつことができるよう，絵本や素話などを昼食前後の時間に行うなどして食育につなげることもできる。

　気を付けなければならないのは，食物アレルギーのある子どもへの対応である。アレルギー児は他児と席を離す，アレルギー食は皿の色を変えるなど，誤食が起きないよう保育者が共通理解をし，十分に気を付ける必要がある。

⑥　帰りの会

　遊び着から制服に着替え，タオルや連絡帳など持ち帰る用具をカバンにしまうなど，降園準備を行う。当番活動として，その日の当番が連絡帳や園からのお便りなどを配ることもある。できる限り，子どもたちの力で帰りの支度ができるよう，保育者は見守ることも大切である。一方で，友だちとの物の入れ間違いや忘れ物なども起こりやすい。最後は保育者が確認し，支度を終えるとよいだろう。

　また，子どもの様子を観察し，体調の変化やけががな

写真3-5　昼食（幼稚園）

写真3-6　帰りの会（幼稚園）

写真3-7　預かり保育（幼稚園）

いかを確認する。特に，けがが見つかった場合はすぐに処置すると同時に，いつ，どのような状況でけがをしたのか把握する必要がある。

　帰りの会では，今日一日を振り返り，楽しかった時間を共有する。その日の様子から，子どものがんばりや成長している姿を保育者が伝えると，子どもの自信と次への意欲につながる。最後に，翌日の登園を楽しみにできるような言葉がけを行い，帰りの挨拶を行う。

⑦　降　　　　園

　登園時と同様に，保護者が園に迎えに来る子どももいれば，園のバスで自宅近くまで帰る子どももいる。降園時には保護者に今日の遊びの様子などを伝える。もちろん，子どもたちはさまざまな方法で降園するため，すべてを担任が担えるわけではない。そのため，保育者同士で情報を共有し，子どもの様子を保護者に伝えることができるよう引継ぎをしておく必要がある。

　とくに保護者に伝えなければならない事項がある場合（保育中のけがやトラブルなど）は，必要に応じて担任から家庭に電話連絡を行う。また，多くの園では通常の教育時間終了後に「子育て支援」の一環として，「預かり保育」を行っている。事前に利用の申し出のあった子どもは，降園する代わりに，預かり保育を実施する部屋へ移動することになる。預かり保育は通常，合同保育になることが多く，預かり保育を担当する保育者が利用する子どもの人数に応じて配置されている。そのため，クラス担任と預かり保育担当保育者は緊密に連携を図り，子どもの状態の理解に努めるようにする必要がある。子どもたちは朝から長時間園で過ごしているため，絵本の読み聞かせや保育者の素話など，子どもの心身の負担に配慮し，ゆったりとした時間を過ごすことができるようにするとよい。

　また，この預かり保育は幼稚園の開園日だけでなく，長期休暇（夏休みなど）にも実施されており，多くの子どもが利用している。

3．保育所の一日

　保育所は，児童福祉法に基づいて設置された児童福祉施設である。ここでは保育を必要とする子どもの保育を行い，その健全な心身の発達を図ることを目的としている。対象児は0歳児から小学校就学前の子どもであるため，保育内容としては養護および教育を一体的に行うことをその特性としている。

　開所時間は原則8時間（p.19，表3-1参照）となっている一方で，2015（平成27）年4月から始まった「子ども・子育て支援新制度」においては，「保育標準時間」認定の子どもは最大11時間，「保育短時間」認定の子どもは最大8時間，保育所を利用できることになった。このことからもわかるように，保育所の利用時間は長時間化しており，一日の大半を保育所で過ごすという子どもも珍しくない。

　加えて，近年では1，2歳児の50％以上が保育施設を利用しており，乳児期から就学前まで長期間にわたり保育所を利用する子どもが増えている。保育者は各年齢の発達の特徴を理解し，子ども一人一人に応じた保育を展開することが求められているのである。

　また，保育所保育指針には，保育所を利用している保護者に対しても利用していない地域の保

表3-3 B保育園 0歳児デイリープログラム

時　間	内　容
7：00	（早朝保育開始）順次登園
7：30	（通常保育時間開始）
	健康観察
	自由遊び
9：00	朝の集まり
9：30	おやつ，授乳
10：00	保育活動（遊び，沐浴など）
11：00	昼食
	午睡準備（歯磨き，おむつ交換，検温など）
12：00	午睡
15：00	おやつ，授乳
16：00	帰りの会
	自由遊び
	順次降園
18：30	（通常保育時間終了）
19：00	（延長保育終了）

表3-4 B保育園 3歳児デイリープログラム

時　間	内　容
7：00	（早朝保育開始）順次登園
7：30	（通常保育時間開始）
	健康観察
	着替え，所持品の始末
	自由遊び
9：00	朝の会
9：30	保育活動
11：00	片付け，昼食準備
11：30	昼食
	片付け，歯磨き
	午睡準備
13：00	午睡
15：00	おやつ
	降園準備
16：00	帰りの会
	自由遊び
	順次降園
18：30	（通常保育時間終了）
19：00	（延長保育終了）

護者等に対しても，保育所がその環境や特性を生かして地域に開かれた「子育て支援」を行うことが明示されている。

1）B保育園の一日

写真3-8 登園（保育所）

筆者が作成したB保育園の0歳児の一日をデイリープログラム（表3-3）に沿って見ていく。前述した通り，デイリープログラムは年齢ごとに作成されるが，特に発達の月齢差，個人差の大きい乳児クラスでは，デイリープログラムに沿いつつも，一人一人に応じて柔軟に対応することが必要になる。また，連絡帳や，朝の受け入れ時間の保護者とのやりとり，健康観察を通して子どもの心身の状態を把握し，状況によって昼食を少し早めに始めたり，午睡時間を長めにとったりするなどして，子どもの24時間の生活に配慮した保育が行われている。

乳児クラスのデイリープログラムの特徴がわかるよう，同じB保育園3歳児のデイリープログラムも掲載する（表3-4）。

① 登　　園

保育所の子どもたちは，保護者の送迎で毎朝登園する。子どもの登園時刻は保護者の就労状況によって異なるので，早朝から子どもを預ける必要がある保護者のために，通常の保育時間が始まる前に開園し，早朝保育（延長保育）を行っている園も多い。

　登園後はまず，保護者と一緒に保育室に向かう。保育者は子どもが安心して一日を過ごすことができるよう，明るい笑顔と元気な挨拶で子どもたちを迎え入れる。その際，抱きしめたり，抱き上げたりしながら身体に触れると同時に，子どもの顔色や表情などを観察し，普段と違う点がないかを確認する。また，保護者に子どもの様子で変わったことはないかを確認することも大切である。とくに3歳未満児は自身の気持ちを言葉で表現することがまだ難しいため，睡眠や食事，排泄などに関する情報から，子どもの気持ちや状態を推察する必要がある。家庭でどのように過ごしたのか，普段と違う点はなかったかなど，保護者から語られる内容が保育をする上で大切な情報となる。なお，早朝の時間帯は，子どもの受け入れを担任ができるとは限らない。そのため，受け入れを担当した保育者は，保護者からの情報を確実に「担任保育士」に引き継ぐことができるよう，記録に残しておく。

　保護者は家庭から持参したタオル類や着替え，おむつ，コップなどを所定の場所にしまい，それぞれの職場へと向かう。保護者と離れる不安から表情がくもる子どももいるが，保育者は子どもの不安定な気持ちを受け止めつつも，保護者が安心して仕事へ向かえるよう，子どもの好きな遊びを提案するなど，笑顔で保護者を送り出せるように心がけている。

②　健康観察，自由遊び

　登園後の子どもたちは，好きな遊びを楽しむ。保育者は子どもが遊びを楽しめるよう，前日までに保育室の環境を整えておく。月齢や発達，子どもの興味に応じた玩具を準備することはもちろん，誤飲などの危険がないように，隅々まで清掃を行い，子どもにとって危険な箇所や物がないかを確認しておくことも大切である。

　また，遊びではなく，入眠する子どももいるため，いつでも一人一人の欲求に応えられるよう，安全に午睡できる環境（ベビーベッドや午睡コーナーなど）も整えておく。

　保育者は子どもの好きな遊びを一緒に楽しみながら，子ども一人一人の様子を観察する。表情や機嫌などから子どもの状態を把握することで，気持ちに寄り添った保育を行うことができるだけでなく，病気やけがの早期発見にもつながる。

③　おむつ交換

　0歳児の子どもは一日に8～10回ほど，おむつを交換する。とくに低月齢の子どもは排泄の回数が多いため，こまめに交換をすることになる。保育者は子どもの遊びの様子を見て，タイミングよく声をかける。おむつ交換の際は，「おしっこ出たね。おむつ替えようね」など応答的に声をかけながら，心地よさを感じられるようにする。おむつ交換の時間は子どもと保育者が一対一で関わることのできる貴重な時間でもある。コミュニケーションをとりながら，ゆったりとした気持ちで関わりたい。

　また，尿や排便の状態や回数を記録し，日常と比較して変わったことがないか観察することも大切である。い

写真3-9　自由遊び（保育所）

写真3-10　おむつ交換（保育所）

つもと違う様子があれば，園内の看護師と連携をとって対応したり，保護者に伝えたりしている。加えて，皮膚の状態やお腹の張り具合など，衣服に隠れた部分の観察も丁寧に行いたい。

④　朝の集まり

クラスの子どもたちが集まり，朝の挨拶をする。毎日挨拶を繰り返すうちに，保育者を真似て頭を下げたり，言葉を真似してみたりなど，発達に合わせて表現してくれるようになる。

名前呼びでは，月齢の高い子どもは自分の名前が呼ばれると手をあげて嬉しそうに返事をする姿を見せてくれる。月齢の低い子どもも，自分の名前が呼ばれると笑顔になる。自分の名前が呼ばれる順番を待つことも，子どもにとってはワクワクする時間である。次第に，自分の名前だけでなく，友だちの名前にも興味を向け，友だちと顔を見合わせながら楽しむ姿も見られるようになる。

朝の歌や季節の歌も，毎日繰り返し歌うことで次第に体を揺らしてリズムを楽しむ姿や，真似して歌う姿も見られるようになる。日々の何気ない活動の中にも，子どもの成長が感じられる瞬間がたくさんある。その成長をしっかりと受け止め，認めたい。

写真3-11　返事（保育所）

⑤　午前のおやつ

1回の食事で食べられる量が少ない未満児のクラスでは，午前中に牛乳とおせんべいなどの簡単なおやつが提供される。子どもたちはおいしそうにおやつを食べ，満足そうな笑顔を見せてくれる。授乳中の子どもには，ミルクや保護者が家庭から持参した母乳が提供される。一人一人の発達段階に合ったおやつが提供されるため，保育者は調乳や配膳をしたり，子どもの隣に座って食べる援助をしたりと忙しい時間ではあるが，子どもの「おいしい」「うれしい」という気持ちを受け止めて，できる限りゆったりとした気持ちで関わりたいものである。

写真3-12　授乳（保育所）

子どものおやつを食べる様子から，食欲や体調，機嫌などを観察し，保育をどのように展開するか，どのような点に配慮していくかなど，保育者は今日一日の見通しを立てている。

⑥　保育活動（遊び）

0歳児クラスの子どもたちも，外遊びが大好きである。遊具はもちろん，草花や木の実，石や砂，虫や小動物など，子どもたちにとって園庭には魅力的なものがいっぱいある。

写真3-13　遊び（保育所）

時には，園外に散歩に出かけることもある。近くの神社や公園まで歩いて行ったり，時には避難車や乳母車に乗ったりして，散歩を楽しむ。地域の人と挨拶を交わしたり，道路を走るバスや車を見たり，自然の移り変わりを肌で感じたりなど，園内にいるだ

けではなかなか経験できないことがたくさんある。

　もちろん，保育室内で遊ぶことも多い。積み木やボール，風船や音の出る玩具など，子どもたちは興味・関心に応じた玩具で思い思いに遊びを楽しむ。保育者と一緒にふれあい遊びをすることや，保育者の膝の上に座って絵本を読むことも大好きな遊びの一つである。愛着関係を築いた保育者と一緒に遊びを楽しむ時間は，乳児期の発達課題である「人への信頼感」を育むことにつながる。保育者は愛情豊かに，そして応答的に子どもに関わっていきたい。

　夏場には，活動でかいた汗を流すために沐浴やシャワーを活動の最後に行うこともある。乳児の肌は刺激に弱くデリケートであるため，汗をたくさんかいたときには沐浴などで汗を流し，肌を清潔に保てるようにしている。「気持ちいいね」「さっぱりしたね」など，清潔にすることの心地よさを子どもが感じることができるような声かけをしたい。

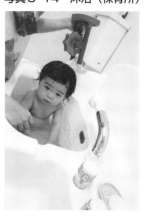

写真3-14　沐浴（保育所）

⑦　昼　　食

　午前の遊びが終わった子どもは，手洗い，おむつ交換を行った後，昼食の席に着く。0歳児クラスには，離乳食を食べ始めたばかりの子どもや，幼児食に移行した子どもなど，さまざまな発達段階の子どもがいるため，食事も一人一人の状況に合わせたもの（食品の種類，量，大きさ，固さ，食具など）が提供される。離乳食は，厚生労働省が示している「授乳・離乳の支援ガイド」（2019年改定）を参考に進められるが，個人差を考慮し，無理のないように進めることが大切である。保育者は子どもの食事の介助をしながら食事の様子を観察し，喫食状況（食べ方や食べた量など）を記録している。この記録は保護者だけでなく，園の栄養士や調理員，看護師等と共有し，どのように離乳を進めるのかを協議している。

写真3-15　食事（保育所）

　食事の時間は，空腹を満たすだけでなく，さまざまな食べ物に興味をもち，食事を楽しむという姿勢も育みたい。そのためにも，保育者が「おいしいね」「かみかみしようね」など愛情豊かに声かけをしたり，「あつまれしようね」と皿に残ったおかずを集めて食べやすくしたりなど，適切な働きかけが大切になってくる。

　食事の終わりには必要に応じて授乳をし，「ごちそうさま」の挨拶とともに，おしぼりで顔や手を拭いて食事の終わりを子どもに伝える。

写真3-16　午睡（保育所）

⑧　午　　睡

　昼食後は歯磨き，おむつ交換などをした後，パジャマに着替え午睡の準備を行う。絵本を読んで気持ちを落ち着けた後，それぞれの布団に入り，午睡を行う。午睡時は保育室の温度や湿度，採光に配慮し，トントンと体に

触れるなど，子どもが安心して眠れる環境を整える。

　午睡時も子どもから目を離さないことが重要である。
1歳未満の乳児に多く発生する乳幼児突然死症候群
（SIDS）は，原因不明の突然起きてしまう死亡のことで，
睡眠時に起きることが多い。子どもの異常にいち早く気
付くためにも，部屋を離れることなく，子どもの様子
（顔色や呼吸の様子など）を10分おきに観察し，記録を付
けることが求められる。また，子どもは午睡の途中で突
然起きることがあるが，その際に保育者の顔を見ると，

写真3-17　おやつ（保育所）

ホッとするものである。安心して午睡を行うためにも，保育者は常に子どものそばで見守ること
が大切である。

　保育者にとって午睡の時間は，事務作業や保育の準備に充てられる貴重な時間でもある。今日
の様子を保育者間で共有したり，保護者に子どもの様子を伝えるための連絡帳を記入したり，玩
具を消毒したりして過ごしている。

⑨　午後のおやつ

　午睡から目覚め，パジャマから洋服に着替えたら午後のおやつの時間である。おやつは子ども
たちが園生活の中でもとくに楽しみにしている時間であり，昼食時よりも急いでテーブルに向か
う姿が見られる。

　長時間を保育所で過ごし，夕食が遅くなりがちな子どもも多いため，おやつをしっかりと食べ
て夕食の時間まで空腹を感じさせないことが必要となる。そのため，午前のおやつに比べて午後
のおやつはボリュームのあるものが多い。手作りのクッキーや蒸しパン，ドーナツ，サンドイッ
チなど，子どもたちのお腹と心を満たすメニューが準備されている。もちろん，離乳食の子ども
には発達段階に応じた内容でおやつが提供されている。

⑩　自由遊び（夕方）

　おやつを食べた子どもたちは，保護者のお迎えの時間まで好きな遊びをしながら過ごす。この
時間も，適宜様子を見ながらおむつを交換する。子どもが気持ちよく過ごすための配慮である。
時折，保育室に年上の子どもたちが遊びに来て，一緒に遊ぶ姿も見られる。さまざまな年齢の子
どもたちが共に過ごす保育所ならではの光景である。

⑪降　　　園

　保護者が迎えに来ると，子どもは目を輝かせて喜ぶ。保育所がどんなに楽しい場所であって
も，保育者がどんなに愛情を注いでも，やはり子どもにとっては保護者が一番だと思い知らされ
る瞬間でもある。保育者は一日の様子や連絡事項を保護者に伝える。子どもには「明日も待って
いるよ」という気持ちを伝え，笑顔で帰りの挨拶を交わす。

　降園時は迎えの車が多く行き交ったり，子どもが園を飛び出してしまったりなど，事故が起き
やすい時間でもある。保育者はもちろん，保護者にも子どもから目を離さないよう注意喚起を行
いたい。

4．認定こども園の一日

　認定こども園は「就学前の子どもに関する教育，保育等の総合的な提供の推進に関する法律」に基づいて設置された施設である。

　保育施設を利用するためには，市町村から利用のための認定を受ける必要がある。子どもの年齢と，「保育を必要とする事由」（表3-5）に該当するかによって認定区分が決まる（表3-6）。この認定により，利用できる保育施設が決まるのである。表3-7で示すように，認定こども園は保護者の就労の有無にかかわらず子どもを受け入れて，教育・保育を一体的に行う機能をもち，地域における「子育て支援」を行う機能も併せもつことが特徴である。

1）Cこども園の一日

　筆者が作成した幼保連携型認定こども園C園のデイリープログラム（表3-8）とB保育園3歳児のデイリープログラム（p.24，表3-4参照）を見比べてもらいたい。ほとんど違いがないことに気付くだろう。幼保連携型認定こども園は，幼稚園と保育所の機能を併せもつ施設であるため，保育所の生活と同じ流れで展開されていることが多い。一方で，1号認定の子どもと2号認定の子どもでは保育時間が異なるため，とくに午後の時間の過ごし方に違いが出てくる。

　Cこども園では，13時になると1号認定の子どもは降園準備をした後，帰りの会を行う。その後，順次，保護者の迎えや園のスクールバスなどで降園を行う。

表3-5　保育を必要とする事由

・就労（フルタイムのほか，パートタイム，夜間，居宅内の労働など）
・妊娠，出産
・保護者の疾病，障害
・同居または長期入院等している親族の介護・看護
・災害復旧
・求職活動（起業準備を含む）
・就学（職業訓練校等における職業訓練を含む）
・虐待やDV（ドメスティック・バイオレンス）のおそれがあること
・育児休業取得中に，既に保育を利用している子どもがいて継続利用が必要であること
・その他，上記に類する状態として市町村が認める場合

表3-6　子ども・子育て支援法による保育の認定区分

	保育を必要とする事由に該当する	保育を必要とする事由に該当しない
3，4，5歳児	2号認定	1号認定
0，1，2歳児	3号認定	

表3-7　利用できる保育施設（認定区分別）

認定区分	利用できる保育施設
1号認定	幼稚園，認定こども園
2号認定	保育所，認定こども園
3号認定	保育所，認定こども園，地域型保育

表3-8　Cこども園(幼保連携型認定子ども園)
　　　　3歳児デイリープログラム

時　間	内　容
7：00 7：30 8：30	(早朝保育開始) 順次登園 (通常保育時間開始) (1号認定保育時間開始) 健康観察 着替え，所持品の始末 自由遊び
9：30 10：00	朝の会 保育活動
11：00 11：30	片付け，昼食準備 昼食 片付け，歯磨き 自由遊び
13：00	午睡（2号認定） 帰りの会，順次降園（1号認定） 希望者は預かり保育を実施 （1号認定）
15：00 16：00	おやつ 帰りの会 自由遊び 順次降園
18：30 19：00	(通常保育時間終了) (延長保育終了)

2号認定の子どもと，預かり保育を希望する1号認定の子どもは午睡の部屋に移動し，午睡の準備を始める。午睡後は自分のクラスに戻り，おやつを食べ，自由遊びをしながら保護者の迎えを待つ。園によっては，「教育課程に係る教育時間」と「教育課程に係る教育時間後」の教育および保育の場所，担当する保育者を変えたり，クラス編成を変えたりする（異年齢でのクラス編成など）ことで，一日の流れに変化をつけることもあるが，C園では安定した生活を送ることができるよう，午後の時間も教育課程に係る教育時間と同じ部屋で過ごすことにしている。

保育時間の異なる子どもが共に生活を行う認定こども園においては，園児一人一人の一日の流れを意識することが大切になってくる。1号認定の子どもたちが降園した後も子どもの興味や関心に基づいた遊びが展開できるよう，環境を構成することが大切であるが，午後の時間を家庭で過ごした1号認定の子どもたちが戸惑うことなく翌日の活動に参加できるよう，教育課程に係る教育時間にうまく橋渡しをできるような工夫も必要になってくる。

また，生活リズムの異なる子どもが互いに充実した時間を過ごすために，保護者とも協力し合いながら，家庭を含めた園児の一日の生活の連続性やリズムに配慮していくことが大切である。

演習課題

1．幼稚園，保育所，認定こども園のそれぞれの特徴について話し合おう。
2．子どもの成長を見守る保育者として心がけたいことを話し合おう。

参考文献

・厚生労働省：授乳・離乳の支援ガイド，2019
・厚生労働省：保育所における食事の提供ガイドライン，2012
・内閣府・文部科学省・厚生労働省：子ども・子育て支援新制度なるほどBOOKすくすくジャパン！，2016
・内閣府：一人一人に応じた教育及び保育を展開していくために～幼保連携型認定こども園教育・保育要領に基づく教育及び保育の質の向上に向けた実践事例集～，2020

●第3章写真提供：佐賀県佐賀市西九州大学附属三光幼稚園
　　　　　　　　　佐賀県佐賀市社会福祉法人巨勢保育園

第4章 現代に求められる保育の基本と保育内容

《学びのポイント》
1．「幼児教育において育みたい資質・能力」について具体例に基づき理解する。
2．「幼児期の終わりまでに育ってほしい姿」のそれぞれについて，発達過程を含めて理解する。
3．「主体的・対話的で深い学び」の内容を理解する。

1．幼児教育において育みたい3つの資質・能力と保育内容

（1）3つの資質・能力と導入の背景

　幼児教育・保育の目標は乳幼児の成長・発達の目指す方向性であり，保育内容を考える上で欠かせない。幼児教育・保育の具体的な目標については，学校教育法第23条，保育所保育指針第1章総則，そして5領域の「ねらい」「内容」に示された通りである。これらに加えて，2017（平成29）年3月改訂の幼稚園教育要領等では「幼児期に育みたい資質・能力」が提示された。

　幼稚園教育要領や保育所保育指針，小学校以上の学習指導要領などは，社会状況や子どもの状況の変化を踏まえて，およそ10年ごとに改訂・改定されている。この3つの「育みたい資質・能力」は2017年の改訂・改定時に新規に導入された事項で，幼児教育から高等学校教育まで一貫して取り組むことが示された。つまり，日本の学校教育全体として取り組む事項といえる。

　その経緯は，幼稚園教育要領解説（序章第1節）に書かれている。「変化が急速で予測が困難な時代」の中で子どもたちには「様々な変化に積極的に向き合い，他者と協働して課題を解決していくこと」や「様々な情報を見極め知識の概念的な理解を実現し情報を再構成するなどして新たな価値につなげていくこと」「複雑な状況変化の中で目的を再構築することができるようにすること」が求められている。そのような子どもたちが身に付けるとよい資質・能力をまとめると，以下の3点になる。これらは小中高等学校での教育を含めた記述である。

① 生きて働く「知識・技能」の習得
② 未知の状況にも対応できる「思考力・判断力・表現力等」の育成
③ 学びを人生や社会に生かそうとする「学びに向かう力・人間性」の涵養

　皆さんは自分自身を振り返ってこれらの資質・能力が身に付いていると感じるだろうか。例えば、全国学力テストでも、単に知識を問うのではなく「リテラシー」という単語をよく耳にする。習得した知識・技能を日常生活にどう応用したり生かしたりするか、また、社会の改善にどう役立てていくかが今後は求められ、決まった内容や解法を単に暗記し、それを当てはめて解決すればよいということではないのだ。例えば、2020（令和2）年冬に突如新型コロナウイルス感染症が発生して、全世界を巻き込み、問題が連鎖・拡大して今までの生活に大きな変化をもたらした。このようなことが今後もないとはいえない。一方で、「AI時代」「DX時代」の到来もいわれていて、例えば空飛ぶ車などの開発やデジタル面での急速な開発・発展など、こちらの未来も予測がつかない。このように次々と変化していく世界で、あなたも子どもたちも前向きに創造的に生きていく力として、この3つが必要だということである。

　これら3つの資質・能力は、幼児期からのそれぞれの学校段階での取り組みによって伸び続けていく。教師や保育者にはその育成が求められているのである。

　幼児の場合は、次のように記載されている（幼稚園教育要領第1章第2）。

---

①　豊かな体験を通じて、感じたり、気付いたり、分かったり、できるようになったりする「知識及び技能の基礎」

②　気付いたことや、できるようになったことなどを使い、考えたり、試したり、工夫したり、表現したりする「思考力、判断力、表現力等の基礎」

③　心情、意欲、態度が育つ中で、よりよい生活を営もうとする「学びに向かう力、人間性等」

　図4-1も参照してほしい。3つの資質・能力は独立して発達するものではないため、一体的に育むことに留意する必要がある。

（2）知識及び技能の基礎

　「知識及び技能の基礎」と聞くと、「小学校以降の教育の基礎」としてひらがなの読み書きや計算などを想像する人もいるだろう。現に幼稚園・保育所等でワークブックを使って指導をしている園も見かける。では、それら以外には、幼児期は何も知識や技能を獲得していないのだろうか。

　日々の遊びや生活の中で獲得している知識や技能には、一体何があるだろうか。例えば、生活に必要な言葉を理解し使用する力は、乳幼児期に著しく発達する。家庭から幼稚園や保育所に生活空間が広がり、それとともに出会う人や物、出来事が広がり、そこで使用される語彙も言い方も多様化する。例えば、「皆さん」「○○組」「上履き」「順番」「交代」なども、家庭ではなく園でこそ使用される。他児への言葉遣いや配慮にも気付く。このように園における日々の豊かな体験を通してこそ、言葉が一層発達し獲得されていくことがわかる。

　言葉の獲得以外でも、例えば園の生活場面において、身支度をしたり、トイレを使用したり、手洗い・うがい、給食準備、片付けなど、一つ一つが知識や技能になっていく。遊びの中でも、製作場面でははさみやホチキス、色ペン、ゴムなどさまざまな道具を使用することを覚える。園庭にあるさまざまな固定遊具（鉄棒、砂場、ジャングルジム、ブランコなど）や小型遊具（ボール、

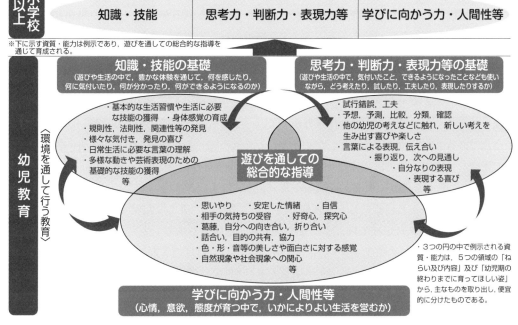

図4-1　幼児教育において育みたい資質・能力

（文部科学省中央教育審議会：「幼稚園，小学校，中学校，高等学校及び特別支援学校の学習指導要領等の改善及び必要な方策
等について」（答申）別添資料，p. 1（別紙1），2016）

縄，フラフープ，三輪車など）もどんどん使用できるようになり，しなやかな身体がつくられてい
く。昆虫や草花への接し方も身に付ける。一日の流れを知り，時間感覚や気持ちの切り替え方も
身に付ける。このように考えると，園での生活は実にさまざまな知識と技能を身に付ける宝庫と
いえるだろう。図4-1の通り，幼児は「知識・技能の基礎」として，「遊びや生活の中で，豊か
な体験を通じて，何を感じたり，何に気付いたり，何がわかったり，何ができるようになるの
か」，皆さんもよく幼児を観察しながら考えてほしい。そして，さまざまな知識や技能を身に付
けられるようなよりよい環境構成を創造していきたい。

（3）思考力，判断力，表現力等の基礎

　「思考力，判断力，表現力等の基礎」については，図4-1に「遊びや生活の中で，気付いたこ
と，できるようになったことなども使いながら，どう考えたり，試したり，工夫したり，表現し
たりするか」と書かれている。皆さんは子どもの様子からどのような点に気付くだろうか。
　例えば，子どもたちは身近な材料を利用してさまざまに工夫して製作をする。お店屋さんごっ
こでの品物作り，紙飛行機作り，ブロックでの乗り物作りや大型積み木での基地作り，砂場での
お団子作りにトンネル作り，シャボン玉飛ばしなど，絶えず材料や作り方を考え，試行錯誤しな
がら工夫して遊んでいる。また，例えば植物の実や葉っぱをつぶして色水を作りながら，その美
しさに驚いたり，規則性に気付いて混ぜたときの色を予測したりしながら楽しんでいる姿も見か
ける。製作以外の場面でも，例えば鬼ごっこやリレー，ドッジボールなどの運動的な遊びにおい
ても，どうすれば鬼に捕まらないか，どうすれば相手チームに勝つことができるかなど，仲間と

意見を出し合いながら考えたり取り組んだりする姿が見られる。一方で，ブランコや自転車，積み木など室内外のさまざまな遊具で取り合いが起きることもあるが，そのような場面においても解決に向けて子どもたちはさまざまに考えて，納得のいく方法を導き出そうとする。

　このように，子どもにとって園での日々は，まさに思考し，判断し，表現している毎日だといえるだろう。ここで考えてほしいことは，子どもが試行錯誤しながら自ら解決方法を編み出す保育の方法と，最初から保育者がアイデア（作り方など）を提示してその通りに子どもも行動し，活動も効率よく上手に進むような保育方法とでは，子どもの育ちにどのような違いが表れるかという点である。前者の活動は子どもが主体となって進めていく活動で，希望する方向性はあるものの明確な最終の着地点は見えない。例えば紙飛行機作りの場合，「遠くまで飛ばしたい」という目標の方向性はあるが，具体的な紙質や形，折り方などは決まっていない。それに対し後者は保育者が出来上がりの目標をもち，紙飛行機作りであれば，決まった紙で折り方も決めていて，どこからどの方向に向かって飛ばすかまで決めている場合もある。どちらもそれぞれ長所がある。しかし，これからの未来を拓く子どもたちには，自ら目標の方向性をもち，保育者や友だちの意見やアイデアを見たり聞いたり取り入れたりしながら，解決に向けてさまざまに試行錯誤し工夫し続けることが重要だろう。その経験自体が子どもの成長・発達に求められているのである。

　また，同年齢の子どもだけではなく異年齢の子どももいることが，活動の刺激やヒントにもなる。家庭や地域では学べないこのような力を，園において子どもたちは身に付けることができる。そのためには子どもたちの興味・関心に応える適切な教育的環境を用意し，子どもたちが自分のペースでさまざまに試行錯誤できる場や材料，時間，仲間などを保障する必要がある。

（4）学びに向かう力，人間性等

　「学びに向かう力，人間性等」についてはどうだろうか。人間性に含まれる内容は幅広く，人として生きていく上での土台になる部分であるといえる。例えば，情緒が安定していなければ，熱中して遊ぶことも友だちと関わることも難しい。もちろん，夢中で遊ぶことにより情緒が安定してくるときもあるが，情緒が安定していると気持ちにもゆとりができて，周りの友だちにも優しく対応できたり，興味のある遊びに好奇心や探究心をもって取り組んだりすることができる。そして，友だちと気持ちよく仲よく遊びたいからこそ，自己主張を適切に行ったり，相手の思いに気付き，時には我慢したりする力も身に付いていく。

　このような安定した情緒や意欲，自信，好奇心，探究心，根気強さ，思いやりなどの能力（＝非認知的な能力）は，幼児期の遊びや生活を通して一層育っていく。3つの資質・能力の中で，幼児期においては最も重要な部分であるといえるだろう。

　以上，3つの資質・能力について概観してきた。冒頭でも述べた通り，これらは幼児教育から高等学校教育まで一貫して取り組む内容である。改めて園では，幼児期から小学校以降の教育につながるこれらの資質・能力が大いに育まれる重要な場であるといえるだろう。質の高い幼児教育とは何か。それを考える上での大切な理念として，これら3つの柱は重要な視点である。保育を見る機会があれば，子どもたちは遊びや生活を通してどのような力を身に付けているか，そこでの保育者の援助方法も含めてよく観察してみてほしい。

2. 「幼児期の終わりまでに育ってほしい姿」と保育の計画

　「幼児期の終わりまでに育ってほしい姿」（図4-2）も，2017年3月の幼稚園教育要領等の改訂・改定時に新規導入された部分である。導入の理由は，幼児教育から小学校教育への円滑な接続のためである。従来，小学校側からは幼児教育が何をしているのかわからない，何が育っているのかわからないという意見も多く，入学後の1年生を過保護に扱ったり，反対に厳しく指導したりするなど教師が戸惑う様子が見られた。子どもの中にも集団生活における規律的態度が未成熟なまま進学する場合もあり，「小1プロブレム」（第10章，p.91参照）という言葉が流行した時期もあった。そこで2017年の改訂・改定では，小学校と幼稚園・保育所・認定こども園が連携し，園と小学校との円滑な接続のための一つとして，幼稚園教育要領等に「幼児期の終わりまでに育ってほしい姿」の10項目が記載された。また，小学校の学習指導要領にも教科の部分に，幼稚園教育要領等を踏まえた授業を行うことが明記され，円滑な接続とともに学びの連続性も求められることになった。

　これらの「10の姿」を明らかにすることによって，小学校教員が幼児の卒園頃の姿を知ることができるとともに，保育者も幼児の育ちを確認することができる。これらは「達成目標」ではないが，一人一人の幼児の育ちの状況を把握し適切な援助を考える上で参考になる。次に10の姿の中から「自立心」，「社会生活との関わり」，「数量や図形，標識や文字などへの関心・感覚」，「言葉による伝え合い」の4項目を取り上げて説明する。

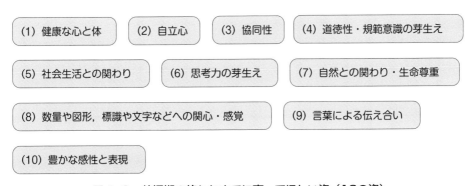

図4-2　幼児期の終わりまでに育ってほしい姿（10の姿）

（1）自 立 心

1）「自立心」の内容

　「自立心」を例に内容を詳しく見ていきたい。一文で書かれた自立心に関する卒園頃の姿は，区切って読むと理解しやすい。「自立心」は次の①〜⑤に分解できる。このように区切ると，幼児理解や，保育の目標やねらいをもう少し明確化してとらえることができるだろう。

① 身近な環境に主体的に関わり様々な活動を楽しむ中で，

② しなければならないことを自覚し，

③ 自分の力で行うために考えたり，工夫したりしながら，

④ 諦めずにやり遂げることで達成感を味わい，

⑤ 自信をもって行動するようになる。

　まず，①の「身近な環境に主体的に関わり様々な活動を楽しむ」という内容は，1989（平成元）年の幼稚園教育要領改訂時から一貫して実施されてきた幼稚園教育の基本である。しかし，この心情や態度を身に付けることは決して簡単なことではない。自分の意思で活動を選択し，活動場所や人も選択し，活動の見通しをもち適宜判断しながら活動を進めていくことを楽しむのである。「好きな遊びをする」といえば簡単そうだが，日頃，園で幼児の様子を見ていると，必ずしも好きな遊びをすぐに選択できる幼児ばかりではない。いろいろな活動に顔を出したり，先生の後を追いかけたりしながら，興味のある活動や今日の自分の居場所を探ったりしている光景を目にする。小学校に進学した子どもが，「小学校のほうが幼稚園より楽だよ。先生がやることを言ってくれるから」と言っていたという話を聞いたことがあるが，自分がすることを自分で考えて日々行動し続けることは，小学校の学習以上に頭や心を働かせているのかもしれない。友だちとの関わり方も直接影響してくる。充実感をもって過ごせたかどうかは，すべて自分に返ってくる。このように考えると，この一文だけでもとても難しい内容で，保育者の援助の必要性も理解できることだろう。幼児が主体的に関わりたくなるような環境や活動を構成できるか，保育者の役割は大きい。自らが主体性を発揮して生活するその経験が，自立心の土台を築いているのである。

　②「しなければならないことを自覚する」は，①の活動を楽しむ中で自覚することが前提である。活動を楽しむためにはルールに従ったり，手順に沿って面倒な作業にも取り組んだりしなければ先に進めないこともあるだろう。例えば，鬼ごっこで鬼をしなければならなかったり，競争で負けて1番になれなかったり，遊んだ後は片付けもする必要がある。初めは面倒だと思ったことやとても自分にはできない，我慢できないと思ったことでも，楽しさや励まし，感謝などに後押しされながら繰り返し友だちと経験する中で，徐々に慣れてくる。そして，自分にとって必要だと感じる活動や課題に対し，逃避せずに取り組む態度につながっていくと考える。

　③「自分の力で行うために考えたり，工夫したりする」は，前述した自分にとって必要だと感じる活動や課題を達成するために，どのようにすればよいか考えたり，工夫したりすることである。3歳，4歳，5歳の発達過程によってもその工夫の方法は異なり，保育者の役割も異なってくる。例えば，3歳児に対する保育者の援助は，幼児の行動する様子を見たり思いを聞き出したりしながら，時に手助けしたり，仲間の一人になって具体的な姿を見せたりすることが必要だろう。4歳児，5歳児と年齢が上がり，一見幼児だけで遊んだり行動したりできていると思える状態でも，つまずきはある。保育者も一緒に幼児の活動に参加し，幼児の困っている点を幼児自身が言語化したり明確化したりできるように援助していくことも必要だろう。これらの積み重ねにより，④「諦めずにやり遂げることで達成感を味わい」，⑤「自信をもって行動」できるように

なるのである。

　自立心は，幼児が入園したときから育っていく。入園前は家庭にいて，生活面でさまざまに親に助けられていた状態から，入園と同時に親から離れ，子ども集団の中で自力で行動することが求められる。保育者が援助してくれるといっても，幼児一人で独占できるわけではない。親から離れ，やりたいことにチャレンジし，さまざまに心や頭，体を動かす経験をしながら自立心は養われていく。

２）「自立心」の発達と保育の計画

　このように考えてみると，「10の姿」は 小学校に進学する年長児の担任が知っていればよいというだけではなく，実はどの年齢の担当保育者も知っておく必要があることに気付く。卒園頃に急にこのような自立した姿になるわけではない。０歳からのその時々の適切な体験と援助の積み重ねによって成り立っているのである。

　自立心について発達過程を見ていくと，０歳，１歳の頃は保護者や保育者との愛着や信頼関係に基づいた安心できる生活を基盤に，子どもは生きる力を獲得し，興味・関心に応じて活動範囲を広げていく。２，３歳頃には周囲を模倣することを通して活動をさらに広げるとともに，基本的生活習慣を徐々に身に付け始め，自己主張をしながら，さらにさまざまな人や物などと関わって成長していく。その中で，４歳児頃には友だちと欲求がぶつかり合ったり，けんか・いざこざ・仲間外れなども経験しさまざまに葛藤を味わったりしながら自己調整を図るようになり，５歳児頃には友だちと楽しく生活できる手段や自己主張の方法，相手を受け入れる気持ちよさなども獲得していく。生活面でも徐々に見通しがもてるようになり，すぐにはうまくいかなくても，繰り返し工夫して取り組む中で達成感も多く経験する。結果として，卒園頃にはここに記載されたような姿が見られるようになるのである。

　保育者からは日頃，「友だちの中に入れない」「自分の思いを言えない」「友だちに対しすぐ手が出る」「友だちの思いを受け入れられず，自分の思い通りにしようとする」「活動の切り替えができない」など，この (2)自立心や (3)協同性，(4)道徳性・規範意識の芽生えなどに関する相談が多く寄せられる。その時々の子どもの姿に対し，保育者はどのように把握・理解し援助すればよいのか。適切な援助を実践するためにも，10の姿を反映させた「教育課程」や「全体的な計画」を編成・立案することが必要である。そして，入園から卒園までの長期的見通しをもちながら，個々の子どもへの適切な援助を行っていくことが重要である。

（2）社会生活との関わり

　「社会生活との関わり」の説明文は，「①家族を大切にしようとする気持ちをもつとともに，②地域の身近な人と触れ合う中で，人との様々な関わり方に気付き，③相手の気持ちを考えて関わり，自分が役に立つ喜びを感じ，④地域に親しみをもつようになる。⑤また，園内外の様々な環境に関わる中で，遊びや生活に必要な情報を取り入れ，⑥情報に基づき判断したり，情報を伝え合ったり，活用したりするなど，情報を役立てながら活動するようになるとともに，⑦公共の施設を大切に利用するなどして，⑧社会とのつながりなどを意識するようになる」と分けられる。内容を大別すると，①〜④の家族や地域の人々との関わりに関する内容と，⑤，⑥の情報を活用しながら行動する点，および⑦の公共施設の利用があげられる。子どもたちは，例えば小学校入

学後は学校への登下校も子どもたち自身で行うことになり，地域の人にお世話になったり，その途中でトラブルが発生すれば自力で援助を求めたりする必要も生じる。地域の地理やお店，派出所などの施設，自分たちを助けてくれる人々，交通安全など，自分たちを取り巻く社会的環境や支えてくれる人々を知っておくことは必要であるし，子どもたちの興味・関心も高い。社会生活との関わりは園外の内容も多く，実施は困難な点もあるが，保護者や地域，公共施設などと連携しながら，地域社会で生活する幼児として育てていくことを意識する必要があるだろう。

（3）数量や図形，標識や文字などへの関心・感覚

　説明文を分解すると「①遊びや生活の中で，数量や図形，標識や文字などに親しむ体験を重ねたり，②標識や文字の役割に気付いたりし，③自らの必要感に基づきこれらを活用し，④興味や関心，感覚をもつようになる」となる。数量や図形，標識，文字などについては領域「環境」に，文字については領域「言葉」にも記載されている通りである。

　数量や図形，標識や文字などを，保育ではどのように取り入れていくとよいだろうか。幼児の必要感や生活から離れて，文字や数をワークなどで学習するのではなく，これらが生活上役に立つことや知っていて便利だと思えるような体験を積むことが重要である。

　例えば，①の「遊びや生活の中で，数量や図形，標識や文字などに親しむ」ことを考えたい。4歳児では，ごっこ遊びで使用する紙製の手提げ袋や広告紙を棒状にしたスティックに，ハートやダイヤ，丸の形に切った大小の色画用紙を飾りとして貼り付けて喜んでいる様子をよく見る。また，空き箱を利用して車やロボットなどを製作している姿も見かける。3歳児では平面での製作が多いが，4歳児になると立体製作を好むように感じる。他にも，持ってきた水筒を並べて高さや太さを比べ，意見を言い合っている姿も楽しそうだ。5歳児では大型積み木を利用して2階建ての建物を作ったり，それらを片付けるときには長さや形を考えて積み木を組み合わせたりする様子も見られる。このように平面・立体の図形の特徴やその大小，大きさと重さの関係など，日々の活動を通してさまざまに親しみ，感覚として身に付けていることが理解できる。

　②，③の場面も保育中に多く見られる。例えば3歳児の警察官，救急隊員，お医者さんなどのごっこ遊びでは，その建物（遊びの拠点）に象徴的なマークを付け，帽子や服装なども工夫してその職業がわかるようにしている。5歳児のお店屋さんごっこでは，お店の棚に商品名や金額を記入したり，レジでの支払いや銀行を開設したりする例もある。お店のPR用チラシを作成したり，看板，メニュー表なども文字や数字を活用して表現したりする姿がよく見られる。このように，標識や文字，数字などの役割や便利さに気付き，自分の思いをどのように表せば相手に伝わるのかを経験し，それらを活用する中で感覚も育っていく。

　また，生活面でも，保育室にホワイトボードを用意し，幼児に向けて，今日の日付・曜日，一日の予定（時刻も記入），当番グループ名，お知らせなどを掲示している5歳児クラスも多い。

　このように生活や遊びの場面で，さまざまに数や形を比べたり，順番に並べたり，数を数えたり，標識や文字で表現しようとしたりする姿が見られる。これらへの興味や関心，感覚をもつことができるように，保育者は意識してその環境を構成したり言葉にしたりすることが重要である。

（4）言葉による伝え合い

　最後に「言葉による伝え合い」について考える。小学校入学後の授業を参観すると，教師からの言葉による指示の多さに驚く。保育者ならば，伝えたい内容の中でも必要事項を厳選し，わかりにくい場合は視覚教材も用意して幼児に伝わるように話すだろう。しかし，小学校ではそこまで配慮されない場合が多い。子どもには，自ら教師の話の中の何が大切なのかを聞き取り，行動する力が求められる。また，小学校では起立してクラス全員に対し発言することが当たり前だが，発言する児童の声が小さくて聞こえづらかったり，聞いている児童も自分に向けて発言されているという意識が薄かったりする様子も見られる。子どもの実態に即した幼児期から児童期への接続期に適した授業方法を，保育者と小学校教師の共同で検討できるとよい。

　さて，「言葉による伝え合い」の解説文を分解すると，「①先生や友達と心を通わせる中で，②絵本や物語などに親しみながら，豊かな言葉や表現を身に付け，③経験したことや考えたことなどを言葉で伝えたり，④相手の話を注意して聞いたりし，⑤言葉による伝え合いを楽しむようになる」となる。

　言葉による伝え合いは，相手とコミュニケーションを取りたいと思う気持ちから生じることを考えると，まず①の「先生や友達と心を通わせる」点が肝心である。その上で，伝え合いで難しい点はどのような場合だろうか。例えば，一方的に自分のことばかり話して相手の意見を聞こうとしないこともあるだろう。これも人間関係上の問題だといえる。それらの他に伝え合いで重要なことは，相手の話を聞いて内容をイメージできるかという点である。一緒に活動している仲間同士ならば，同じ場で同じ体験をしており意味が通じやすい。しかし，クラス全員の前で今日経験した活動について話すためには，内容を知らない相手に，わかるように順序立てて具体的に話さなければならない。③「経験したことや考えたことなどを言葉で伝える」という行動は，幼児にとって思いの外難しいのではないだろうか。聞いている友だちからいろいろと質問を受ける経験を通して，聞いている相手には何がわからないのか，何を伝える必要があるのかなどを学ぶことができる。保育者も，幼児の伝え合う力を育成するために，わかりにくい点は話し手の幼児に質問したり，内容を確認したりするようにしていきたい。

　合わせて，5歳児後半になると，グループで相談して何かを決めるような場面も生じるが，メンバー全員が同じ目的に向かって話すことができているか，全員が意味を理解して話し合いがされているかなど，保育者の配慮や援助は欠かせない。4，5人程度の小グループに保育者も加わり，落ち着いてそれぞれが話し，聞き合う場面を経験できるとよい。

（5）「幼児期の終わりまでに育ってほしい姿」とカリキュラム・マネジメント

　10の姿から4つを取り出し，発達の姿や保育者に求められる援助について述べた。他の6つの姿も検討してみてほしい。「自立心」で述べたように，卒園頃に急にこのような記載された姿になるのではなく，0歳からのその時々の適切な体験や援助の積み重ねによって，成長・発達が保障されるのである。そのためにも「幼児期の終わりまでに育ってほしい10の姿」を反映させた「教育課程」や「全体的な計画」を編成・作成することは重要である。

　また，発達を保障していくためには，カリキュラム・マネジメントへの取り組みも必要である。幼稚園教育要領（第1章総則第3）に示された通り，カリキュラム・マネジメントの3つの

要点は，第一に，全体的な計画に留意しながら，「幼児期の終わりまでに育ってほしい姿」を踏まえ，教育課程を編成すること，第二に，教育課程の実施状況を評価してその改善を図っていくこと（PDCAサイクルの確立），第三に，教育課程の実施に必要な人的・物的な体制を確保し改善を図ることなどを通して，組織的かつ計画的に各園の教育活動の質の向上を図っていくことである。

　保育実践を通して明らかになった保育の課題や乳幼児の問題について，園内外の協力者や公的施設の利用などの外部資源の活用も組み合わせて改善策を検討し，次の計画に反映させ，保育実践を工夫していきたい。

3．主体的・対話的で深い学び

　主体的・対話的で深い学び，この保育方針も前述した3つの資質・能力の育成と同様，2017年の幼稚園教育要領等の改訂・改定時に新規導入された事項で，アクティブ・ラーニングともいわれる。幼児教育から高等学校教育まで取り組むことが求められており，日本の学校教育全体として取り組む教育方針である。

　導入の背景も3つの資質・能力の育成と同様である。知識・情報・技術などが加速度的に変化する中でこれからの子どもたちは生きていく。そこでは，多様な情報とともに予測できない変化に対し，受け身で対処するのではなく主体的に向き合い判断して関わっていかなければならない。多様な他者と協働しながら目的に向かって取り組んだり，自らの可能性を発揮したりしながら，よりよい社会と幸福な人生の創り手となれるようにこの教育方針は導入されたのである。

　保育の場では，1989年の幼稚園教育要領の改訂時に，それまで約30年間続いた「保育者主導の保育」から「子ども中心の保育」に転換する保育方針が打ち出された。子どもの主体性の育成を重視し，「幼児の自発的な活動としての遊び」を「重要な学習」と位置付けて，そのための計画的な環境構成や保育者の援助を求めてきた。この経緯を考えると，小学校以上の教育よりも約30年も早く，保育の場ではこのアクティブ・ラーニングが導入されてきたことになる。しかし，導入から30年経た現在でも，この保育方針の重要性を保育者や保護者が十分に理解し広く浸透しているとは，残念ながらいえないだろう。

　2022（令和4）年6月には「こども基本法」が制定された。これは1989年に国際連合で採択された「子どもの権利条約」に関係した法令である。日本は1994（平成6）年に批准し発効したものの，国内法はその後28年間未整備のままであった。子どもの権利条約には，4つの権利（生きる権利，育つ権利，守られる権利，参加する権利）が規定されている。今後は，保育においても子どもが自分の意見を表明できるような援助や，主権をもつ一個人であることを踏まえた援助が保育者にも一層求められる。子どもの主体性の育成は世界的な潮流といえるだろう。

　次に，「主体的・対話的で深い学び」について，中央教育審議会幼児教育部会資料[1]から紹介する。

① 主体的な学び…周囲の環境に興味や関心を持って積極的に働き掛け，見通しを持って粘り強く取り組み，自らの遊びを振り返って，期待を持ちながら，次につなげる「主体的な学び」が実現できているか。（安定感・安心感，興味や関心，自発性，自己肯定感，好奇心・探究心，持続性・粘り強さ，必要感，振り返り・見通し）

② 対話的な学び…他者との関わりを深める中で，自分の思いや考えを表現し，伝え合ったり，考えを出し合ったり，協力したりして自らの考えを広げ深める「対話的な学び」が実現できているか。（依存と自立，信頼関係，自己表現，相手への感情・意識，思いの伝え合い，イメージの共有，共感，刺激のし合い，葛藤，内省，折り合い，対話や話し合い，目的の共有，協力）

③ 深い学び…直接的・具体的な体験の中で，「見方・考え方」を働かせて対象と関わって心を動かし，幼児なりのやり方やペースで試行錯誤を繰り返し，生活を意味あるものとして捉える「深い学び」が実現できているか。（感触・感覚・感動（すごいなぁ，○○だね等），試行錯誤，気付き・発見の喜び（なぜ・どうして，どうなるのかな等），予想・予測・比較，分類・確認（○○かもしれない，○○は同じだけれど△△は違う等），規則性・法則性・関連性等の発見と活用（○○だから△△になった，△△すると○○になりそう等））

　以上の①～③は，保育の改善を図っていくための視点ともいえる。子どもたちが遊びや生活の中で，「主体的な学び」「対話的な学び」「深い学び」ができているか，保育者は個々の子どもとよく関わったり観察したりしながら把握に努め，その学びがもっと深まるような環境構成や援助を具体的に行いたい。まずは保育者自身もこれらの学びの面白さを体験することが必要であろう。

　なお，本章で扱った現代に求められる保育方針は，幼稚園教育だけではなく，認定こども園や保育所の保育においても取り組むことが求められている。すべての幼児に質の高い幼児教育・保育を保障するためにこれらの内容に取り組んでいきたい。

演習課題

１．実習で観察した遊びの事例について，「３つの資質・能力」や「主体的・対話的で深い学び」の観点から分析し発表し合ってみよう。

２．「幼児期の終わりまでに育ってほしい姿」のそれぞれが，園の教育課程や全体的な計画にどのように反映されているか，各年齢の記述に注目しながら調べてみよう。また，その姿が見られる具体的な活動場面も考えてみよう。

引用文献

１）文部科学省中央教育審議会教育課程部会幼児教育部会：幼児教育部会における審議の取りまとめ，p.10，資料４，2016

第5章

環境を通して行う保育

《学びのポイント》
1.「環境を通して行う」ということの意義を理解する。
2. 年齢や発達に応じた環境構成について理解する。

1.「環境を通して行う教育」理念の登場

(1)「環境を通して行う教育」とは

　「環境による教育」という視点が強調されたのは，1989（平成元）年に告示された幼稚園教育要領である。そしてそのことは2017（平成29）年に告示された幼稚園教育要領においても引き継がれ，「環境を通して行う教育」として幼稚園教育の基本に位置付けられている。また，同年に告示された保育所保育指針においても「環境を通して行う保育」として，保育所保育に関する基本原則に明記されている。ここでは保育所保育指針（以下，保育指針とする）に着目し，「環境を通して行う保育」について説明していきたい。

　保育指針は1965（昭和40）年に策定されたのち，1990（平成2）年，1999（平成11）年，2008（平成20）年，2017（平成29）年と4回にわたり改定が行われている。そして保育所保育に関する基本原則には，保育は環境を通して行われるということが示されている。以下，2017年に改定された保育指針をもとに概観してみたい。

　保育指針第1章総則「1　保育所保育に関する基本原則　(1) 保育所の役割」において「イ　保育所は，その目的を達成するために，保育に関する専門性を有する職員が，家庭との緊密な連携の下に，子どもの状況や発達過程を踏まえ，<u>保育所における環境を通して，養護及び教育を一体的に行うことを特性としている</u>」と示されている（下線筆者，以下同）。また「(2) 保育の目標　ア」においては「(ア)<u>十分に養護の行き届いた環境の下に，くつろいだ雰囲気の中で子どもの様々な欲求を満たし，生命の保持及び情緒の安定を図ること</u>」とされている。さらに「(4) 保育の環境」では，環境には保育士や子どもなどの人的環境と施設や遊具などの物的環境，そして自然や社会の事象などがあることが述べられ，保育所は「人，物，場などの環境が相互に関連し合い，子どもの生活が豊かなものとなるよう」計画的に環境を構成して保育をしなくてはならないとしている。この「(4) 保育の環境」には，「ア　子どもが自ら環境に関わり，自発的に活動し，様々な経験を積んでいくことができるよう配慮すること」と示されている。

　このように，保育所保育は，環境を通して，「養護及び教育を一体的に行うこと」を基本原則

としており，その環境には子どもが自ら関わり，自発的に活動しながらさまざまな経験を積んでいけるようにする配慮が必要であることが保育指針に明記されている。

（2）「環境を通して行う教育」の意義と意味

前述したように，「環境による教育」という視点が強調されたのは，1989年に示された幼稚園教育要領である。ここでは，「環境を通して行う教育」について，1989年に文部省（当時）から出された「幼稚園教育指導書」（以下，指導書とする）を概観し，その趣旨について説明していきたい。

1）幼稚園教育の基本について

1989年に改訂され，1990年度から施行された幼稚園教育要領には，幼稚園教育の基本が以下のように，第1章総則に示されている。

> 1　幼稚園教育の基本　幼稚園教育は，幼児期の特性を踏まえ環境を通して行うものであることを基本とする。このため，教師は幼児との信頼関係を十分に築き，幼児と共によりよい教育環境を創造するように努めるものとする。これらを踏まえ，次に示す事項を重視して教育を行わなければならない。

このように，1989年に出された指導書には，「幼児期の特性を踏まえ環境を通して行うものであることを基本とする」ということが明記されている。また環境を通して行う教育の意義として，幼児期は「自分の興味や欲求に基づいた直接的・間接的な体験を通して人間形成の基礎となる豊かな心情や，事物に自分からかかわろうとする意欲や健全な生活を営むために必要な態度などが培われる時期」であるため，幼児の周囲に存在するあらゆる環境からの刺激を受け，自ら環境に関わることによってさまざまな活動を展開し充実感を味わう体験を重視していくことの必要性が述べられている。

2）環境と教師の役割

それでは，ここでいう環境とはどのようなものを指すのだろうか。指導書には以下のように記されている。

> ここで言う環境とは園具や遊具，素材などのいわゆる物的環境や，幼児や教師などの人的環境を含んでいることは言うまでもないが，さらに幼児が接する自然や社会の事象，また人や物が相互に関連し合ってかもし出す雰囲気，時間，空間など幼児を取り巻くすべてを指している。

このことから，環境とは幼児の周囲に存在するすべてのものを指すことがわかる。しかし，環境が存在するだけでは幼児にとっての適切な教育環境とはいえず，それらの環境を意味あるものとして構成することが必要となる。そしてその環境を構成する存在が教師なのである。そのため教師は，幼児の周囲に物や人や場などが相互に関連し合うような状況をつくり出し，それによって幼児が興味や関心を引き起こし，自分から活動を展開し，それぞれの発達の時期に必要な体験を得ていくようにすることが必要なのである。

3）環境の構成とは

　指導書第3章第1節には「環境の構成」の項目があり，1において「環境構成の意味」について言及されている。そこには「環境を構成する」ということは単にいろいろな遊具，用具，素材などを組み合わせたり並べたりすることではないと述べられている。「環境には物や人，自然や社会の事象，時間や空間，それらがかもし出す雰囲気など様々な要素が含まれているが，そうしたものを相互に関連させながら，幼児の興味や関心に即して主体的な活動を促し，その活動の中で必要な体験を重ねていけるような状況をつくり出す」ことが環境を構成するということである。

　そのため，「素材，遊具，用具などをどのようにしたらよいかを考えなければならないのは当然であるが，周囲の自然などの事象に興味をもたせたり，身近な物や出来事などが幼児の生活に意味をもつようにすること」などに加え，「幼児同士のコミュニケーションを図ったり，幼児の発想や活動を交流させたりすること」も環境構成として大切なことなのである。

　また，環境の構成は常に固定したものではなく，活動の展開とともに幼児の発達に意味のあるものとなるように変化させていくことが必要であり，これを環境の再構成という。そのため，環境の構成は流動的なものとしてとらえることが大切であると述べられている。

2.「環境を通して行う教育」をどう深めるか

（1）「発達環境学」の内容とその特徴

1）「環境を通して行う教育」

　藤永は『発達環境学へのいざない』[1]の中で，養育者との共感こそが子どもの心を育むことを示した発達環境学を提唱しており，藤永は，「環境を通して行う教育」が強調されるようになってから，「環境」に着目し，1989年改訂幼稚園教育要領についていくつかの示唆点を示している。ここでは，藤永の著書をもとに考察をしていく。

　第一に，「幼稚園教育の基本」と3つの柱との関連性についてである。「幼稚園教育は，幼児期の特性を踏まえ環境を通して行うものであることを基本とする」と，幼稚園教育の基本が示され，これらを踏まえて教育を行うよう（1）幼児の主体的な活動を促す，（2）遊びを通しての指導を中心とする，（3）幼児一人一人の特性に応じた発達の課題に即した指導を行うといった3つの柱が掲げられているが，初めの「環境を通して」という原則と次の3つの柱との関連が理論的にはっきりしないというのである。藤永は「あわてて読むと，幼稚園に各種の遊具を設置して，自発的な遊びを促し，しだいに各自の得意な高度の遊びに移れるよう指導していくことが幼稚園の教育だ」と，とりようによってはそうとらえられてしまい，これでは幼稚園と小公園やスポーツ教室などとどこが違うのかという疑問が起こるのではないかということ，そしてまた，一つ一つの項目はいずれも穏当なものではあるが，全体としてのつながりがよく見えてこないのが問題であると指摘している。

2）「環境を通して行う教育」の「環境」と領域「環境」

　次に，藤永は「環境を通しての教育」と領域「環境」の2つは同じものを指すのかどうか，について言及しており，これについては，異なるものを指すと説明している。領域の「環境」と呼ばれるものは，旧要領の6領域が存在した頃の領域「自然」と「社会」とを合併したものであり，「幼児にとっては重要な客観的環境—認識の対象を指す」ものであるとしている。

　これに対して「環境を通しての教育」の環境とは，幼児の現在の生活を取り巻き，それを規定する「環境条件」，さらにいうと「保育者や親やその他の成人によってよりよい成長のため意図的に設定された環境条件」を意味するとしている。それは幼児にとって空気のように自然なものであるため，意図的認識の対象とはなりにくいとされ，例えば園舎や遊具や教具，バス通園や制服，さらには通いやすい園を選ぶというような目に見えない機能的条件も入ると述べている。大切なことは，「これらは，保育者や親に媒介されてはじめて環境条件となる」ということである。そのため実際は〈ひと〉としての環境であり，〈もの〉ではないとし，藤永はこれを〈もの〉—〈ひと〉環境と説明している。

3．韓国幼児教育課程研究にみる環境構成

　ここでは韓国幼児教育課程研究の第一人者である元 梨花女子大学校教授李基淑（リ キ スク）著『幼児教育課程』[2]（2000）に依拠して韓国の幼児教育・保育現場での環境構成について説明していく。

（1）韓国における環境構成の考え方

　李基淑は，幼児が生活する環境の中の人的・物的条件はうまく具備されていなければならず，特に適切な施設および設備・教具が備えられた幼児教育の物理的環境は人的要因とともに，幼児の発達と幼児教育の質を決定づける重要なものだと説明している。また，幼児教育課程での環境とは，「効果的な教育課程運営及び幼児の発達を促進させる最適の環境構成」であると述べており，幼児期は興味と好奇心，活動力をもって常に周辺の環境を探索し，反応して発達していくものであるという特性から，物理的環境要因は重要であるとしている。

1）物理的環境の構成

　物理的環境を構成する際には以下の4つの点について考慮されている。

① 　幼児教育機関は他の機関や建物から独立し，すべての設備や教具を整えることが好ましく，園舎は平屋建てにし，活動するのに十分な室内・室外空間がなくてはならない。

② 　幼児の発達的特性・成熟度・欲求・興味・個人差などを考慮して机，洗面器，椅子などを幼児の身長の高さに合わせるようにし，自分で容易に使用したり整理したりできるようにする。

③ 　十分で多様な空間を準備して，自由に周囲の環境を探索できるようにする。その際あまりに複雑であったり，逆に易しすぎて飽きることのないようにする。また出入口を2か所以上作って自由に外遊びに行けるようにし，随時室内・室外活動が可能となるようにする。

④ 　教室環境自体が幼児教育課程運営の重要な媒体であるため，その時その時の教育内容と

活動に応じて，融通性をもって配置されなくてはならない。例えば，季節の変化を考慮してコーナー遊びの環境構成と教具を変えたり，間仕切りの利用，机・遊びコーナーの位置の移動をしたりなど，多様な環境構成の変化を行う。

このような配慮によって，幼児は心理的な安定感を得ることができ，幼児の自発的参加と，具体的な経験を通じて，幅広く多様な統合的活動をすることが可能となるのである。

（2）興味領域（コーナー）

韓国における環境構成とは，興味領域（日本でいうコーナー）を構成することであり，室内・室外における環境は，物理的次元だけではなく，人的・心理的次元も一緒に考慮して構成しなければならないとされている。また，環境構成において何よりも優先させなければならないことは，清潔で安定した雰囲気で，幼児と一緒に活動しながら環境を変化させて再構成していくということであり，質的な相互作用が成立するようにすることが重要だとされている。幼児の発達や活動に合わせて常に環境の再構成を行っていく点においては，日本のそれと共通するところである。

次に，韓国の室内および室外の遊び領域について説明する。

1）室内遊び領域

韓国の幼児教育では興味領域を取り入れており，室内には主に以下のような領域が設けられている。

①言語領域（図書領域）　②操作遊び領域　③積み木遊び領域　④役割遊び領域
⑤造形活動領域　⑥リズム活動領域　⑦水遊び・砂遊び領域　⑧木工遊び領域
⑨数遊び領域　⑩科学領域　⑪コンピューター領域　⑫料理活動領域
⑬食事・午睡や休息場所

「操作遊び」とは，幼児の集中力と持久力を増進させ，問題状況を探索して克服していく過程において自信感を育て，目と手の協応性や視・触覚などの感覚器官の発達を援助するものであり，絵合わせ，パズル，多様なブロック，グループゲームなどがそれに当たる。また，「役割遊び」は日本でいうままごと遊びやごっこ遊びといった役割を決めて行う遊びを示している。

「水遊び・砂遊び領域」は，室内と室外ともに設置することができる領域であり，室内に設置する場合は，大きなバケツを使用したり，プラスチックの筒を水道施設付近に配置して水を流したりして遊ぶ。また砂を利用する場合は，敷物を敷いておくようにする。水や砂に代わり，落ち葉，泥土，雪，発泡スチロール，おがくず，米，穀物などを使って重さの違いを見たり，触ったり，集めたりする活動も含まれる。そして「料理活動領域」とは，幼児が直接食べ物を洗ったり，切ったり，混ぜたり，かき回してみたりする活動をするコーナーである。ここでは料理に必要な知識と数概念を習得するようになっており，料理の過程を教師と一緒に計画し，討議することで，言語発達が促され，役割分担と協同することなどの肯定的な社会関係を経験していくのである。

2）室外遊び領域

次に，室外における興味領域についてであるが，主に以下の領域があげられる。

①身体領域　②役割遊び領域　③探究（自然学習）領域　④作業領域
⑤水遊び・砂遊び領域　⑥移動区域（室内から室外へ）　⑦保管区域（倉庫）

⑧平らで開放された空間　　⑨静かな空間

「身体領域」とは，活動的な遊び領域で，他の領域よりも空間を多く占めるため，他の領域との調和を考慮し，静かな領域と離れるよう配置されている。「探究（自然学習）領域」は，動物飼育場や植物を育てる領域である。また，「作業領域」とは絵を描いたり木工遊びなどを行ったりできる領域である。「移動区域」とは室内から室外に通じる通路のことであるが，ここにも環境構成として，通路を広くして曲線で作り，周囲を囲むようにして集団遊びが展開できるよう配慮されている。また，傾斜や丘をおいて変化を与えるようにも工夫されている。「平らで開放された空間」とは，固定遊具などの遊び施設が配置されていない広い空間のことで，ここでは幼児が小集団での活動やゲームができるようになっている。そして「静かな空間」には多様な大きさや色の木，灌木，ぶどうのツルなどを利用して，静的な活動ができる領域となっている。また，テラスを設置したり，テントやパラソルを使用したり，芝生や座ることのできる席，むしろ，一人遊びができる空間も準備されている。

4．日本の環境構成理論

本節では，日本における環境構成の理論（コーナー保育論を含む）の代表研究者である，小川博久『遊び保育論』[3]をもとにその内容と特徴を通じて「環境を通して行う保育」の考え方をみていきたい。小川のこの著作の「第4章　遊び保育論の具体的展開Ⅰ」の内容は，コーナー保育を中心とした遊び保育論である。以下，その内容を概観しながら「環境を通して行う保育」の考え方を深める上での示唆点を明らかにしていきたい。

（1）室内環境構成

小川は，保育室での遊びの場合，製作コーナーは最も基本的な遊びの拠点であり，環境構成は，①幼児の遊びがどう展開するか，②保育者はそれをどう援助するか，という2つの視点から考えなくてはならないとしている。そして，つくるという活動は遊びの展開にとって基本的な要素であり，幼児同士のつながりを生み出すことができ，そのつながりを保持する場がコーナーであると述べている。小川によると，製作コーナーの他に少なくとも1〜3のコーナーを設定することが望ましいとされている。それは子どもたちの人数や，保育者が一度に見取ることができる範囲を考慮してのことである。

小川は，室内遊びの環境としての保育室をとらえ直す視点として，「保育室は幼児たちの居場所とならなければならない」という原則を提示している。そのためには保育者と幼児一人一人との応答関係が成り立つことが大切で，必要なときに「見る⇄見られる」関係が成立することが必要であると述べている。つくり出すという活動は，保育室全体として活性化するために基本となるものであるため，製作コーナーは遊びの展開にとって重要であり，製作コーナーが活性化している間は，他のコーナーでの活動が停滞化していても，再び活力を取り戻すことが可能となるように配慮する必要があり，製作コーナーは，壁を背にして保育者が真ん中に座ることによって，保育室で一番，幼児たちの心の拠り所になるようにすることが大切であるとしている。コーナー

の内容としては，製作コーナーを中心に，絵本コーナー，ままごとコーナー，積み木コーナー，ブロックコーナーなどがあげられるが，保育室にはコーナーだけではなく，コーナー以外の室内遊び，例えば踊りや人形劇，ペープサートなどといった遊びも展開できるようなスペースも用意される。

　コーナーはただ設置するだけではなく，そこでは保育者の存在が重要で，子どもたちと「見る⇄見られる」関係が常に保たれるようにし，遊びを活性化していくことが重要である。この点について小川は，保育者は「遊びの演出家兼演じ手」という表現を用いてその役割を示している。そして保育空間は保育者と幼児たちによってつくられた秩序をもった総合された遊び活動の雰囲気が生まれることが望ましく，保育者は，そうした状況を創造するための舞台装置をつくることに努力しなければならないと述べ，この舞台装置の裏方としての役割で環境構成に当たるのであると述べている。

（2）室外環境構成

　次に，室外（外遊び）の環境構成について述べていきたい。

　外遊びが展開する園庭と遊びとの関係について小川は，園庭は大きく分けて，砂場と，固定遊具が展開する周辺部と，ドッジボール，サッカー，リレー，鬼遊び（鬼ごっこ，だるまさんがころんだ，かくれんぼなど，いわゆる「鬼」役がいる遊びの総称）が展開する中央部に分けられ，周辺部の固定遊具は，個人が取り組む遊びであり，1つの活動が持続する時間は短く，中央部で展開される集団遊びは援助によっては長時間続くと述べている。

　保育室は壁を利用する形でコーナーが設置されている場合，真ん中にスペースをつくりコーナー相互の「見る⇄見られる」関係が成立することが賑わいの成立につながるのに対し，園庭ではそれとは反対の空間利用が想定されると小川は述べている。これは，室内であれば，製作コーナーが盛り上がればその他のスペースも盛り上がるが，一方室外では，中央部での集団遊びが盛り上がることで，周辺部の遊び（固定遊具）も盛り上がるということである。

　また，小川は園庭遊びの空間的配置について言及しており，集団遊びが持続するためには，遊びのスペースを変えないということ（空間の利用における恒常性）が原則であると指摘している。園庭でも室内遊びと同様に「見る⇄見られる」関係が生まれ，園庭では年長児が行っている遊び（例えば鬼遊びやリレー，ドッジボールなど）を年中児や年少児が憧れの気持ちをもって見ている。"年長組の子が去年この場所でドッジボールをしていたな"などと年下の子どもが思い出し，自分が進級した際には同じように遊んでみるというように，遊びが伝承されていくためには，幼児が遊ぶ場所を固定化することが大切であると述べている。

（3）小川のコーナー保育論から

　これまで室内遊びおよび室外遊びのコーナーについて小川の理論を概観してきたが，コーナー設置の方法や場所，区分など，どれを取り上げてもそこには幼児同士の関わりや幼児と保育者の関わり，さらには園での遊び文化が継承されていく異年齢児との関係性や関わりなどを考慮して行われていることが理解できただろうか。このように幼児の発達や遊びの盛り上がりなどを配慮して環境を構成していくことは，保育者にとって大切なことなのである。

5. 0～5歳児年齢別の環境構成のポイント

（1）保育環境における基本的条件

　保育環境における条件としては，安全で美しく，衛生的で頑丈，応答的であることを基本として，以下の項目が考えられる。

- ・安心，安全な保育環境を基盤とした，心身共に快適な保育環境
- ・子ども自身が尊重されていると感じる保育環境
- ・自分で考え，選んで試す，自己決定を助ける保育環境
- ・子どもの探究心を支える保育環境
- ・美しさを体験し，美的感覚を育む保育環境
- ・発達における個人差と，個体差（気質や好み，成育歴）に応える保育環境
- ・四季折々の設えや日本の文化に根差した保育環境
- ・文化的多様性に配慮した保育環境

　以下，実際の環境構成のポイントについて，年齢を追って紹介する。

（2）0歳児クラスの保育環境のポイント

「体で学ぶ，毎日探索し，考える。どんなに幼くても私は私。尊重される存在」
―子ども一人一人の発達と，生活リズムに応える快適な保育環境―

　入所間もない乳児が，安全に心地よく過ごすことが大前提である。この時期は仰向けからおすわり，ハイハイ，つかまり立ち，伝い歩きと，粗大運動一つをとっても個人差が大きい時期であるので，一人一人の子どもの動きたい欲求に応える保育環境を心がける。

　生活と遊びに分かれた保育室の環境設定が大切である。

　遊びのコーナーは，乳児のさまざまな動きを助ける遊具が配置されている。

　つかまり立ちは布を貼ったり木製であったりと，安全に配慮する。

1）3か月～自分で座るまで

　人や物との出会いと，心地よい関わりを経験する時期である。遊びの中で信頼関係を築いていくように，話しかけ，関わっていく。

　手渡す遊具は，口に入れてもよく，水洗いでき，清潔さを保つ素材（木，布，プラスチックなど）を選ぶ。目で見て，口に入れて，手で握っていじる経験を十分味わえるようにする。発達に応じた遊具との出会いを援助していく。

写真5-1　0歳児クラスの保育室

2）自分で座る～1歳後半頃

　ハイハイや伝い歩きで，自分で移動するようになるこの時期は，常に自由に動き回り，探索できる安全な環境が求められる。

写真5-2 遊具

写真5-3 応答的関わり

写真5-4 感覚機能遊び

写真5-5 壁面遊具と大きな箱

　安定した座位により自由になった両手を使って，入れたり出したりする「感覚機能遊び」や「操作遊び」が盛んになる。大きな箱に出たり入ったりすることで，自分の身体感覚（ボディイメージ）が身に付く。また，すっぽり入ることで，安心感を味わうこともできる。

（3）1歳児クラス（1歳前半〜2歳前半）の保育環境のポイント
「自由に探索し試したい。見守って話しかけてね，でも，選ぶのは私」

　自分でできることが多くなり，有能感にあふれたこの時期，「自分でしたい」「動きたい」「試したい」欲求を満たすことが大切になる。とくに運動欲求が強い時期であり，保育室には粗大運動ができる環境を常設することが望ましい。また，一人一人遊びたいとき，遊びたいものが異なり，同時にさまざまな遊びが繰り広げられていく，並行遊びの時期であるため，人に邪魔されない空間（パーソナルスペース）の確保も必要である。

　写真5-6では，保育室内に再現遊び，世話遊び，粗大運動，感覚機能遊び，絵本のコーナー

写真5-6 1歳児クラスの保育室

写真5-7 生活再現遊び

がある。

　人や物との応答的な関係を築いた子どもたちは，身近にある物を使い，自分が体験したことを遊びの中で表現するようになる（生活再現遊び：写真5-7）。

　遊具の棚は目で見てわかりやすく整理し，自分で元の場所に戻せるように，子どもが自分で見てわかるような表示を付けることが有効である。写真5-7では，人形と積み木，布や空き容器を使ってお風呂や食事の再現をしている。

　布製の手提げの中に，小さな遊具を詰め込んだり集めたりすることも好きである。自分で独り占めしたい時期である。

　一人一人の子どもが使うことができる十分な量の遊具が必要であり，それは遊びを豊かにすると同時に，不必要な取り合いを防ぐことも期待できる。

（4）２歳児クラス（２歳前半〜３歳）の保育環境のポイント

「体験して，考えて，世界が広がる。私が大切。友だちも一緒。いつも動きながら考えている」

　手先が器用になり，物の扱い方がわかるようになったこの時期，身近にあるものを組み合わせて表現するようになる。色，形，大きさをまとめたり，分けたりできるようになる。

　友だち（他児）は一緒にいるが，自分が好きなように遊ぶ時期であり，自分が中心である。

　知的好奇心の高まりに応え，言葉の発達を支える環境を心がける。

　写真5-11の絵本のコーナーは，集団の中で一人になることができる空間である。

　写真5-12では，セロハンを貼った手作りの額を窓枠に並べ，光を感じている。

写真5-8　ごっこ遊びの空間　　　　写真5-9　感覚機能遊びの棚

写真5-10　組み合わせて表現　　　写真5-11　絵本の空間　　　写真5-12　太陽の光と色

（5）幼児クラス（３歳後半〜５歳）の保育環境のポイント

「自分で考え選択し，自分で動く，自己復元を支える保育環境」

　乳児期までに規則性のある遊びや生活を経験してきた子どもたちは，簡単なルールを守って遊

ぶことができるようになる。一人で遊ぶ空間と友だちと一緒に遊ぶ空間が区分されており、遊び
が妨げられないことが必要である。ままごと、構成遊び、テーブルゲーム、言葉（文字）や絵本
に加え、美術、音楽、季節を楽しむコーナーの他に、探究のコーナーや自由に使える空間を整え
ることが求められる。

　見立てからままごと遊びへの変化を支えるのは、より本物に近い道具たちである。

　数える、量る、形を分類するなど、日常的に数学的な遊びや短期記憶を体験できるように遊具
を準備する。手先の器用さの発達と、パターンを繰り返すことが可能になることで編み物などが
できるようになる。

　自分の目標に向かって集中するようになるが、一人になれる場所は、休息と気持ちの立て直し
に必要である。保育者は、子ども集団の育ちと並行して、一人一人の情緒の安定に配慮する。

写真5-13　幼児クラスの保育室

写真5-14　役割遊びの空間

写真5-15　複雑なパズル

写真5-16　編み物

写真5-17　くつろぐ空間

（6）幼児クラス後期（6歳）の保育環境のポイント

**「仲間とともに自分たちが生活する環境をつくっていく、探究する毎日を支える協同的な学びの
環境」**

　知識欲が高まり、仲間と考え合い、遊びを継続させていくようになる。

　年間を通して一つのテーマを探究していく「プロジェクト」は、具体的な経験と概念を結び付
ける。知識を獲得するだけではなく、子どもが不思議に感じたこと、もっと知りたいと思ったこ
とを、子どもとともに考える環境構成が重要である。

　例えば、手作りの天体望遠鏡では、月や土星を観察することができる（写真5-18）。

　また、美術コーナーや構成遊びのコーナーなど、遊びの中で思考したことを、表現するための
素材や教材が、いつでも使えることが重要である。

写真5-18　宇宙プロジェクト　探究のコーナー

写真5-19　絵本

写真5-20　積み木構成遊び

写真5-21　蛙，昆虫の世話

　構成遊び（積み木）や役割遊び（ごっこ遊び）は，遊びの中でさまざま感情や葛藤や立ち直りを経験することができ，社会の一員として成長することが期待できる。

　植物の栽培や小動物の世話をすることは，生命の大切さや自然の不思議さを身近に実感できる。

演習課題

　1．環境に主体的に関わるとはどのようなことなのか，具体的事例をあげて考えてみよう。

　2．各年齢における，保育環境の特徴について，気付いたことを具体的に話し合ってみよう。

引用文献

1）藤永　保：発達環境学へのいざない，新曜社，1996

2）李　基淑著，丹羽　孝訳：幼児教育課程，教文社，2018（原著は2000年発行）

3）小川博久：遊び保育論，萌文書林，2010

参考文献

・文部省：幼稚園教育指導書　増補版，フレーベル館，1989

・テルマ　ハームス他著，埋橋玲子訳：新・保育環境評価スケール①〈3歳以上〉，法律文化社，2016

・テルマ　ハームス他著，埋橋玲子訳：新・保育環境評価スケール②〈0・1・2歳〉，法律文化社，2018

・高山静子：改訂　環境構成の理論と実践：保育の専門性に基づいて，郁洋舎，2021

●第5章写真提供：福岡県北九州市小倉北ふれあい保育所

第6章 遊びを通しての総合的指導

《学びのポイント》
1．遊びの中には多くの学びがあることを理解する。
2．「遊びを通した総合的指導」の意味と，保育者の関わり方を理解する。

1．乳幼児期の遊びの意義

（1）乳幼児にとっての遊びとは

　乳幼児にとって遊びは大切であるといわれているが，一体なぜ遊びが大切なのだろうか。2017（平成29）年に改訂・改定された3法令（保育所保育指針，幼稚園教育要領，幼保連携型認定こども園教育・保育要領）には，「遊びを通しての総合的指導」について述べられている。以下，それぞれについて見ていきたい。

1）幼稚園教育要領，幼保連携型認定こども園教育・保育要領における遊び活動の基本的内容と特徴

　幼稚園教育要領（以下，教育要領とする）では，第1章総則「第1　幼稚園教育の基本　2」において「幼児の自発的な活動としての遊びは，心身の調和のとれた発達の基礎を培う重要な学習であることを考慮して，遊びを通しての指導を中心として第2章に示すねらいが総合的に達成されるようにすること」と明記されている（下線筆者，以下同）。また，幼保連携型認定こども園教育・保育要領（以下，教育・保育要領とする）においても第1章総則第1「1　幼保連携型認定こども園における教育及び保育の基本及び目標等」において「(3) 乳幼児期における自発的な活動としての遊びは，心身の調和のとれた発達の基礎を培う重要な学習であることを考慮して，遊びを通しての指導を中心として第2章に示すねらいが総合的に達成されるようにすること」と明示されている。

　このように，教育要領および教育・保育要領には，遊びを通しての総合的指導が教育・保育の基本に明記されており，いかに乳幼児期にとっての遊びが重要であるかをうかがうことができる。「幼稚園教育要領解説」（文部科学省，2018）および「幼保連携型認定こども園教育・保育要領解説」（内閣府・厚生労働省・文部科学省，2018）には，遊びは遊ぶこと自体が目的であり，人の役に立つ何らかの成果を生み出すことが目的ではないと述べられており，幼児の遊びには幼児の成長や発達にとって重要な体験が多く含まれていると解説されている。自発的な活動としての遊びでは，幼児は心身全体を働かせさまざまな体験をしていき，心身の調和のとれた全体的な発達

の基礎を築いていくことから，自発的な活動としての遊びとは，幼児期特有の学習であるとも述べられている。

　幼児期には諸能力が個別に発達していくのではなく，相互に関連し合い，総合的に発達していくため，そのことを踏まえ，保育者は遊びの中で幼児が発達していく姿をさまざまな側面から総合的にとらえ，発達にとって必要な経験が得られるような状況をつくることを大切にしなければならないということである。すなわち，遊びを中心にして，幼児の主体性を大切にする指導を行うということは「遊びを通した総合的指導」を行うということなのである。

2）保育所保育指針における遊び活動の基本的内容と特徴

　保育所保育指針第1章総則「1　保育所保育に関する基本原則　（3）保育の方法」において，「オ　子どもが自発的・意欲的に関われるような環境を構成し，子どもの主体的な活動や子ども相互の関わりを大切にすること。特に，乳幼児期にふさわしい体験が得られるように，生活や遊びを通して総合的に保育すること」と述べられている。

　これについて「保育所保育指針解説」（厚生労働省，2018）では，遊びには子どもの育ちを促すさまざまな要素が含まれており，子どもは自ら遊びを発展させていきながら思考力などの諸能力を伸ばしてくとともに，友だちと協力することや環境への関わり方などを多面的に体得していくと説明されている。また，遊びはそれ自体が目的となっている活動であり，「今」を十分に楽しむことが重要であると述べられている。すなわち，子どもにとっての遊びとは，時間を忘れるほど没頭したり，時には疑問を抱いたり，新たな発見をしたりして，楽しさや充実感，満足感を味わうものであるといえる。また，遊びを通して友だちと関わることで，けんかや葛藤などを経験しながら，お互いが楽しく遊べる方法を学んでいくこともできるのである。

　このように，子どもは遊びを通してさまざまなことを多面的に学んでいくため，保育者は子どもの活動が特定の知識・能力の習得に偏ったりすることがないように留意する必要があると述べられている。

（2）遊びから学ぶということ

　乳幼児は遊びから多くのことを学んでいるのだが，どのような遊びにも学びの要素が含まれており，子どもたちは遊びながら学んでいるといえる。小学生になると国語，算数などといったように教科ごとに学んでいるが，幼児教育・保育現場では就学後のそれとは異なり，遊びや生活を通して経験し，学んでいくのである。今井[1]は，「遊びの中で育つ豊かな学び」について，乳幼児にとって大切なものは，大人から教えられて得る知識の量ではなく，遊びや生活の中でいろいろな「モノ，ヒト，コト」に関わりながらわかろうとし，わからないことをおもしろがって追求する力であると述べている。この，おもしろがって追求していく力こそが，遊びの中で育つ豊かな学びなのである。

２．幼児教育における遊び研究の内容と示唆点

　次に，ここでは幼児教育における遊び研究の内容とそれぞれの示唆点について紹介していく。

（１）「遊びを指導する」という視点

　前節では遊びの意義について述べてきた。そこでは幼児の遊びとは，自発的な活動であり，遊ぶこと自体が目的で，幼児が熱中して楽しく遊ぶこと，そこから多くのことを経験し，多面的に学んでいけるということが大切であると述べた。それでは「自発的な活動」である遊びに対して保育者はどのような指導を行えばよいのだろうか。「自発的」とあることから，保育者は幼児が遊んでいる姿を見守るだけで，関わらないほうがよいのだろうか。

　河﨑[2]は，遊びの指導において管理か放任か，指導か援助か，働きかけるのか待つのか，保育者主体か子ども主体かといったようにいろいろな言葉で問題が立てられ，それがかなり気ままにスライドしていることに対して問題提起をしている。河﨑は，「子どもをちゃんと指導しなければ」と言われたら「見守ることもあってもいいのでは？」と言いたくなるし，「指導は子どもの主体性を損なう。援助でなければ」と言われると「見守るだけではねー」と返したくなる現場の保育者の思いを例にあげ，実際は大抵の人が両方しているのに，議論ではあれかこれかになってしまうことを指摘している。「指導も援助もよいのだ，働きかけることも待つこともあるのだと，素直に認めてしまったらどうでしょうか。（中略）それ一辺倒の管理主義あるいは放任主義，指導主義あるいは援助主義こそが批判されるべき」であると述べている。

　日々子どもと関わる保育者は，「不思議だな」「きれいだな」「楽しいな」「もっと知りたいな」「もっとやってみたいな」「どうしたらうまくできるかな」など，子どもが主体的にその遊びに興味をもって関わっているか，またそこからどのようなことを学んでいるのかを読み取る必要がある。場合によったら保育者が関わりをもつことで，さらに子どもの興味・関心が深まり，遊びが面白くなることもあるだろうし，一方で盛り上がっている遊びに保育者が加わることで，遊びが盛り上がらなくなってしまうことも考えられるのである。河﨑は子どもの遊びへの関わり方の多様性を以下のように示している。

　　①　大人は黙って背中を見せる
　　②　挑戦，挑発，自慢，得意
　　③　大人から発案し，呼びかけ，遊び方を教える
　　④　ときにはエンターティナーに
　　⑤　あそび仲間として対等に
　　⑥　「しかけ」る
　　⑦　大人のひと言があそび心を動かす

　このように，河﨑は，保育者の子どもの遊びへの関わりの多様性を提示しているが，大人が子どもへ特別な呼びかけなしに行った遊びを子どもが見ており，「すごい」と思った子どもたちがそれを真似て遊んでみるということはよくあることであり，このときの大人は直接的な指導はしていなくとも，自分の姿を見て遊びをしてみるのではないかという見通しをもっているのであ

る。これが「大人は黙って背中を見せる」ということである。また「挑戦，挑発，自慢，得意」とは，子どもに「こんなことできるか」と子どもが感嘆するようなすごい技を見せ，子どもの挑戦心をくすぐるもので，これも重要な遊び指導の一部であると述べられている。ここで大事なことは，技そのものをさせたり，教えたりすることではなく，「互いに挑発し合い挑戦心をくすぐり合うことであそびが始められる」ことである。これを河﨑は，すごいと思わせること，やれそうだと思わせること，自尊心をくすぐることなどを通して子どもの弾力ある反発心が起きるのを見越したやり方であると説明している。

　大人から遊びへの呼びかけをしたり，発案をしたりすることも遊び指導において重要な選択肢であるとし，遊びが子どもからの発案であれば自主的であり，大人から言い出したことだと自主的ではないなどというのはおかしいことで，肝心なことは，「おもしろそう」「やってみたい」と子どもの心が動くことなのであると河﨑は指摘している。そして保育者は子どもを楽しませること，子どもとの楽しいひと時を演出することも重要なことであるとし，一方で時には保育者が失敗したり，しりごみする姿を見せることは子どもの「あそび仲間として対等」な関係を築く上で，意味をもつことであると述べている。

（2）遊びの意義と指導について

　勅使[3]は，子どもの遊びの本質について，①年齢に応じて楽しみ，おもしろさを追求する活動，②自主的，自発的に取り組む活動，③身体的諸力の発達を促す，④知的諸能力を発達させる，⑤人と人とを結び，交友性や社会性を形成するといった5点にまとめている。ここで勅使は，この5つの本質は決してばらばらに羅列してとらえてはならないと述べている。なぜなら遊びというものはこの5つのことを総合的に含んでもっており，それぞれが相互に作用しているからだと解説している。勅使が指摘しているように，遊びとは，子どもの身体的発達を促すとともに，知的好奇心や人との関わりの発達を促すなど，多面的にとらえる必要がある。

　勅使は，遊びの指導において，子どもたちの自主性を認め，自主的な活動を有している遊びが大切であることを主張する一方で，子どもの自主性を発揮するはずの自由遊びが，幼稚園教育要領や保育所保育指針の意図とは違い，結果として「自由放任」の遊びと形を変えて展開されていることを指摘している。また，勅使は保育実践における遊び指導について一般的な原則を述べている。

　　①　「おもしろさを追求し，意欲，自主性，自発性が出せる指導」
　　②　「あそびの内容を豊かにする指導」
　　③　「おもちゃ，教材，教具」
　　④　「あそびの環境設定のしかた」

以上4つの原則が示されているが，③は，遊びの内容やイメージを豊かにするために欠かすことのできないおもちゃや教材，教具などについて，発達に合った素材であったり大きさであったりといったことを検討していく必要性が述べられている。そして④について，環境は園の立地条件や部屋の大きさ，それに対する子どもの人数など，保育者の努力ではどうすることもできないいくつかの要件がすでに決まっている中で，保育者は子どもの発達を押さえ，子どもの遊びへの興味・関心を毎回押さえ，どのような環境を設定したらよいかについて考えていくことが必要で

あると述べている。

（3）遊びは学び

　無藤[4]は，保育での遊びとは，基本的には遊びから学びへという流れがあって，遊びのうち，学びへの芽生えというものが生まれてくるようなものを指すとしており，保育者は学びの芽生えに向けて援助していかなくてはならず，保育・幼児教育現場においては，実際そちらに向けて援助していると述べている。そして学びへの芽生えがあるようなものを充実と呼んでおり，充実と芽生えというものは表裏一体となっていると説明している。このことを踏まえ，以下の3つの視点で無藤は遊びの特徴についてとらえている。

　まず1つ目は，「積極的・肯定的かかわり」である。遊びとは何か？　を定義づけようとしたとき「遊びというものは楽しいものだ」という考えから，笑ったり微笑んだりして「楽しんでいる」といった言葉で定義しても，それだけでは足りない。サッカーのように真剣に，一生懸命行う遊びもあるからだ。また「一生懸命に取り組んでいる」と定義付けると，先生の話を一生懸命聞いているといった類もそこに含まれてしまうため，それも当てはまらない。そのようなことから無藤は，遊びとは「積極的・肯定的にかかわること」だと提示している。それは，そのものを好きになるとか，そのものに関わりたくなるとか，関わっている状態にあるとか，感じるということであると説明している。そして2つ目は，「真剣な対峙」，3つ目は「子ども同士の関係での共鳴」であると述べている。

　無藤が遊びの充実には学びの芽生えを含んでいるととらえているように，今井[1]もまた，遊びと学びは対立しないと述べている。今井は，子どもたちは興味，関心，好奇心，憧れなどに突き動かされて行動しながら「こんなことができる自分」「こんなことが楽しい自分」を見い出し，自分らしさを築いていき，夢中になって活動しているときに最大限自己発揮し，強くなるのだと述べている。また，自分の好きなことの中に自分を育てる力があり，それが「学び」であると説明し，保育者は，今その子が何に興味をもっているかを理解し，認め，そこに向かって行動するよろこびを共にすることが大切であると述べている。

　このように，遊びと学びは別物としてとらえるのではなく，遊びの中には学びがあり，子どもたちが熱中したり夢中になって遊ぶ中には，物事を追求したり，さまざまな気持ちを感じたり，人との関わりを経験したりといった活動や体験が含まれ，それが学びへとつながっていくのである。

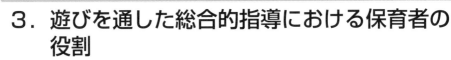

3. 遊びを通した総合的指導における保育者の役割

　乳幼児にとっての遊びとは生活そのものであり，遊びから多くのことを学んでいることは前述した通りであるが，大切なことは，「子どもたちが主体的に遊ぶ」ということである。主体的に遊ぶためには，乳幼児がその遊びを心から楽しいと思えたり，やってみたいなと興味・関心を寄せたりしていることが大事である。そのためには，園生活において保育者の果たす役割は大きいといえる。

　本章の冒頭でも述べたように，保育所保育指針第1章総則「1　保育所保育に関する基本原則（3）保育の方法」には，「オ　子どもが自発的・意欲的に関われるような環境を構成し…（略）」という記述があるが，保育者は常に子どもたちが主体的に遊べるような環境構成を行うことが大切である。そのためには目の前の子どもたちが今何に興味・関心を抱いているのか，どの程度の発達段階にあるのかなどを十分に理解しておく必要があり，その上で環境を構成していくことが望まれる。また，保育所保育指針解説には「（3）保育の方法　オ」において，保育士は保育所の生活や遊びにおける子どもの体験について，発達の見通しをもちながら計画を立てて保育を行い，子どもの実態や状況に即して柔軟に対応することが大切であると説明されている。

　幼稚園教育要領解説においては，教師は遊びの中で幼児が発達していく姿をさまざまな側面から総合的にとらえ，発達にとって必要な経験が得られるような状況をつくることを大切にし，常に幼児の遊びの展開に留意し，適切な指導をしなければならないと示されている。

　これらのことを踏まえ，保育者は子どもの遊びの様子を理解し，必要に応じて適切な関わりをしていくことが大切であるといえる。時には遊びが盛り上がるように，保育者が直接的あるいは間接的に仕掛け人となったり，その時々の子どもの気持ちに共感し受け止めたりするなど，さまざまな関わりが必要となってくるのである。また，そのような保育者自身の姿も子どもたちに大きな影響を与えていることも理解しておこう。

4．遊びの実践事例に学ぶ遊びの指導と援助

　集団生活を初めて経験する年少児は，最初は保育者と一緒に遊び，気持ちが安定してくると次第に自分で遊ぶようになる。そして周囲にも目が向けられるようになると，気の合う友だちと遊ぶようになっていく。また，集団生活に慣れてくると，年長児など年上の子どもが集団遊びをしている姿を見て仲間に入れてもらったり，保育者と一緒に遊んでみたりすることで，その楽しさを経験していく。年中，年長児になると，集団遊びで友だちと一緒に遊ぶことの楽しさを味わうことに加え，共通の目的やイメージをもって遊ぶことの楽しさを味わったりするようにもなっていく。その中でルールを守ろうとする姿や，守らない子がいたときには話し合ったり意見を言い合ったりして解決していく姿なども見られるようになる。そのようにしてルールを守ることで一段と遊びが盛り上がり，達成感や充実感へとつながっていく。さらに勝敗に興味をもち，どうしたら勝てるかな，と試行錯誤したり話し合いをするなどして，さまざまな体験から学びを得ることができる。これらは保育の中での日々の経験の積み重ねがあってこその学びであるといえる。

（1）経験の積み重ねがあってこその学び—年中児の事例から—

　まずは保育の中での日々の経験の積み重ねがあってこその学びとはどのようなことなのか，幼稚園年中児の鬼ごっこの事例をもとに考えてみたい。

事例6-1　鬼ごっこが成立しない!?〈年中児〉

　年中クラスに進級してまだ間もない頃，一人の子どもが担任に「鬼ごっこをやりたい」と言った。担任が「いいよ」と答えると周囲にいた子どもたちも「僕もまぜて」「私もやりたい」と言い，多くの子どもが集まってきた。いざ，そのメンバーで鬼ごっこをすることになったのだが，鬼をやりたがらない子どもが多かったため，はじめは担任が鬼役をすることになった。

　10数えた後，担任が子どもたちを追いかけると，キャッキャッと言って子どもたちは嬉しそうに逃げ回った。そのうち担任は一人の子どもを捕まえた。するとその子どもは急に顔を曇らせて「やっぱりやめる」と言い，鬼ごっこから抜けていってしまった。担任は，引き続き鬼役をやり，次の子どもを捕まえた。すると，またもやその子どもも「やっぱりやめる…」と言って別の遊びへ行ってしまった。こんなことが何度も繰り返され，結局大勢いた子どもは最終的に2～3人ほどになってしまい，鬼ごっこはそこで終わってしまった。

　この事例から皆さんはどのようなことを思うだろうか。ここでいえるのは，遊びというものは必ずしも放っておいたら子どもたちが勝手に意欲的・主体的に遊ぶものではないということである。

　事例6-1では「鬼ごっこをやりたい」と子どもから言い出したはずなのに，鬼になった途端，どんどん仲間から抜けていってしまい，遊びが成立しない結果に終わっている。では，なぜ子どもたちが主体的に鬼ごっこをして遊ぶことができなかったのだろうか。そこにはその園やクラス，現代の子どもたちの育った背景などさまざまな要因があることが考えられるのである。

　まず，遊びが成立しなかった原因に，「どの子どもも鬼をやりたがらなかった」ことがあげられる。これは子どもたちの鬼ごっこに対する経験不足が考えられる。この年中児の年少児時代を振り返ってみたとき，鬼ごっこのような集団遊びをほとんど経験していないという背景があった。鬼ごっこといえば，子どもたちが自分たちで集まって楽しく主体的に遊ぶものだというイメージがあるが，実はそうではないのである。鬼ごっこのような集団遊びを経験したことがない子どもにとっては，「鬼になるのが怖い」「嫌だ」という気持ちが先走り，事例6-1のような結果となるのである。

　昔は近所の公園や神社などでさまざまな年齢の子どもが一緒に遊び，その中で自然に遊び方を覚えていったため，あえて大人が教えたりすることも必要なかったのだが，現代では，異年齢の子どもが大人数で群れて遊ぶ機会が失われていっているため，当たり前に行われていたことがそうではなくなってしまっているのである。この年中児クラスも，帰宅してから近所の友だちと遊ぶ機会や場が少なく，群れて遊ぶ経験が少なかったのである。

　新たにクラス担任となったこの保育者は「鬼ごっこが成立しない」というクラスの現状を知り，さまざまな鬼遊び（鬼遊びについては，p.48参照）を保育の中に取り入れ，鬼に捕まえられる楽しさやドキドキ感，鬼になって友だちを捕まえることの楽しさなどをたくさん経験できるようにしていき，その結果，年度末には鬼ごっこをはじめとする集団遊びを思い切り楽しめるクラスとなっていった。多くの遊び経験を積み重ねていく過程で，子どもたちで仲間を集める力，問題

が起きたときに解決に向けて考えようとする力，協調性，規範意識，思いやりなどさまざまな力を身に付けていったのである。

　繰り返しになるが，保育所保育指針に「子どもが自発的・意欲的に関われるような環境を構成し，子どもの主体的な活動や子ども相互の関わりを大切にすること」と明記されている通り，子どもたちが日々の保育の中で，遊びの経験を積み重ねていく際にも，保育者の環境構成や働きかけがとても重要なものとなってくるのである。それらを土台として子どもたちは自発的・意欲的に活動を行うことができるようになっていくのである。

（2）遊びから学ぶこと—年長児の事例から—

　次に，子どもたちは遊びからどのようなことを学んでいるのかを日々の保育実践からエピソードを切り取り，具体的にみていきたい。実践事例は幼稚園の年長児である。

事例6-2　ケンパジャンケン—クラスの中に優しい空気が—〈年長児〉

　クラスのみんなでケンパジャンケンをして遊んだ。緑チームと黄チームに分かれそれぞれ一列に並び，スタートと同時に先頭に並んでいる子どもが地面に描かれたケンパのラインに従ってケンケンパをしていく。出会った相手チームの子どもとジャンケンをし，負けたら次の子どもが交代してスタートする。先に相手チームに到着したほうが勝つという遊びである。何回戦かやったが，どちらもいい勝負であったため，最終戦で勝負を決めることになった。「がんばれ！」「早く！早く！」と両チームとも一体となって味方のチームの子どもを必死に応援していた。

　そんなとき，あと少しというところで，緑チームの子どもが先に相手の黄チームにたどり着き，勝利を収めた。緑チームが「やったー！」と大喜びしていると，突然黄チームのA児が目に涙を浮かべて泣き出した。チームの中でもいちばん気合いが入っており，がんばっていただけによほど悔しかったのであろう。A児は部屋に戻ってからもずっと泣き続けていた。周りにいた子どもたちは心配そうな顔をしていた。

　そんな中，数人の子どもが席に座っているA児を取り囲んで話をしている姿が見られた。その中の一人であるB児が何やら一生懸命に，A児に話しかけていた。B児は先ほど勝った緑チームにいた子どもである。

　「Aくん，僕はさっきAくんとジャンケンしたとき，ぜーんぶAくんに負けてたよ」とB児が言った。するとそれを聞いていたA児も次第に笑顔になって笑い出し，あれほど悔しそうにしていた姿もどこへやら。ケロッとして，いつも通り周りの友だちと楽しそうに話し始めた。

　年長児にもなると，ルールのある集団遊びや体を使った遊びへの興味・関心も高まり，さまざまなことを吸収し，学んでいる姿が見られるようになる。事例6-1の鬼ごっこでも述べたように，ルールを守ろうとする姿や，守らない子がいたときに話し合ったり意見を言い合ったりして解決していく姿など，このような集団での遊びから学ぶことは非常に多い。この年長児の遊びの

事例からは，人間関係の育ちが読み取れることがわかるだろうか。

　A児に話しかけるB児は，勝負自体は自分のいる緑チームが勝ったけれど，個人的にはA児と対戦をしてそのすべての勝負に自分は負けていたからA児は強いんだよということを伝え，A児を慰めて元気づけようとしているのである。このB児の言葉によってA児もB児の優しさを感じ取ったのだろう。互いの気持ちが通じたことで，A児も元気な笑顔を見せたのである。

　また，このときのクラスの子どもたちも，直接A児に声をかけていなくとも，心配そうに見守る姿が多く見られた。さまざまなトラブルを経験したり，それぞれの気持ちや考えがぶつかり合ったりしていく中で，子どもたちの中に，次第に相手を思いやる気持ちも育っていくのである。今回の遊びを通して，クラスの友だちの優しさを感じる体験，そして友だちをいたわる体験をしていくことで，個々の子どもが育つとともに，集団としても大きく成長しているのである。また，保育者は，A児が悔しくて泣いている姿を知っていたが，あえて様子を見守っている。そうすることで，子ども同士の関わりが生まれたり，子ども同士で解決したりという姿に結び付いていっている。保育者は，子どもの育ちを支える役割を担っており，時にはこのように子どもたちの姿を見守るということも，とても大切な関わりなのである。

演習課題

　1．遊びを通した総合的活動の具体的事例を考えてみよう。
　2．子どもの遊びに保育者はどのように関わるのがよいか，具体的な事例を考えてみよう。

引用文献

1）今井和子：遊びこそ豊かな学び，ひとなる書房，2013
2）河﨑道夫：あそびのひみつ，ひとなる書房，1994
3）勅使千鶴：子どもの発達とあそびの指導，ひとなる書房，1999
4）無藤　隆：幼児教育のデザイン　保育の生態学，東京大学出版会，2013

第7章 遊び中心の保育をデザインする

《学びのポイント》

1．想像遊び活動の成立する条件と展開の方法を理解する。

2．ごっこ遊びや劇遊びを支える条件と展開の方法を理解する。

3．光の効果を取り入れた幼児の造形教育について理解する。

1．遊び中心の保育とは

（1）子どもの生を支える遊び

　フリードリッヒ・フレーベル（ドイツ，1782-1852）は，その著書『人間の教育』の中で，人間の基礎は乳幼児期の遊びを中心に形成されることを明らかにした。また，遊びの重要性を強調し，遊びの中に創造的な内容があることが大切であると説いた。

　レフ・ヴィゴツキー（ロシア，1896-1934）も遊びを発達の中心において説明した。遊びは幼児期から初期学齢期の主要な発達課題であり，子どもは遊びを通じて，文化の象徴体系と思考を獲得するようになる。ヴィゴツキーは，とくにごっこ遊びと想像遊びに着目し，遊びの特性として幼児が想像して遊び状況を創り出していく重要性や決められた規則に束縛されないで想像して行動し，子ども自身が創り出した規則に従って遊ぶことを強調した。

　本節では，ごっこ遊び・想像遊びに着目し，お話から子どもたちが創造力を駆使し，劇遊びや積み木の構成遊びに展開した実践例を紹介する。

（2）遊び中心の保育をするために

　子どもたちは遊び経験を通じて，自己についての理解を高めて，自分を取り巻いている多様な世界を知っていく。子どもの興味を誘発する遊び経験は，一番適切な学びの方法として，幼児の発達と成長を促進する。

　ここで留意しておくことは，保育所や幼稚園等での遊びは，幼児がしたいことをすべて実践したとしても，保育室を混沌とした状態にしないことである。また，保育者がよく計画した遊びを提供して，子ども自身が選択する機会を奪うことも，遊びだといえないことである。子どもの内側から自然に生まれる遊びと，保育者が提案する遊びの均衡が必要である（遊びと学びの均衡について，韓国の文献を翻訳した図7-1を参照のこと）。

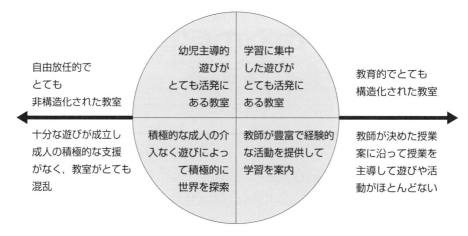

図7-1　遊びと学びの均衡

（令和2年度（2020）科学研究費補助金　基盤研究（C）研究課題名：「韓国国家水準幼児教育課程の改訂・実行過程に関する調査研究」20K02644　（研究代表者：清水陽子）　韓国幼児教育研究資料　No.1『遊び指導』キムギョンチョル・チャンヨンジュ共著〈日本語翻訳資料〉　清水陽子他，p.24, 2021）

 2．想像遊び活動—ごっこ遊び・劇遊び—

（1）ごっこ遊び

1）ごっこ遊びにおける年齢的な特徴

　年齢別にごっこ遊びの特徴をまとめると，次頁の表7-1の通りである。

2）ごっこ遊びを支える保育者の留意点と援助

①　環境を整えて活動を見守る

　どのような遊びでも同じであるが，子どもが夢中になって遊ぶためには，子どもたちの状況に合わせて環境を整える必要がある。保育者は，「環境づくりで遊具や玩具をどのように配置したら，子どもたちはどのような顔をしてどのような遊びを始めるだろうか，友だちとどのような関係をつくってどのようなごっこ遊びを始めるだろうか」と，一人一人の子どもの姿を思い描きながら，個別の支援の配慮を考えていく。このとき，子どもたちの成長・発達を支える環境を準備して整えていくために「自然との関わりを学べること」「周りの多様な人間と交流できること」「長い人間の歴史の中で生み出されてきた文化を受け継ぎ発展させること」という観点をもっていることが，遊びの質を決めるということを忘れてはいけない。

　お店屋さんごっこであれば，お客が喜びそうな商品を集めたり，レジになりそうな机を探したり，紙幣になりそうな紙を用意したりして，子どもの興味や関心を引くような場面を作っておくことも必要になる。「ままごと」であるなら，自然の生産物や生き物を取り入れたり，部屋と部屋の空間を区切ってドアを作ったり，毛布を敷いてベッドを作ったりして，現実に近い環境をつくっておけば遊びは盛り上がりをみせるのである。ごっこ遊びによっては，その日だけでは遊びが終わらないこともあるので，そのときには，子どもが自由に遊びを継続できるように，翌日まで今遊んでいる環境を残しておくような配慮も必要になる。

表7-1　年齢別ごっこ遊びの特徴

子どもの年齢	ごっこ遊びの特徴
0～1歳まで	一般的なごっこ遊びというよりは，その前の「再現遊び」のような簡単な遊びになる。動物の真似や簡単な運動を周りの大人と一緒にしたり，興味のある単純な振りをしたり，身近な人の言葉を真似たりする。
1歳児	日々の生活の中での体験を再現する「生活再現遊び」をするようになる。母親の化粧の真似をしたり，絵本の中の食べ物を一緒に食べようとしたりする姿が見られる。
2歳児	「生活再現遊び」が発展して，動物や乗り物になったつもりで遊ぶ「つもり遊び」や積み木などを何かに見立てて遊ぶ「見立て遊び」をするようになる。人形やぬいぐるみを可愛がったり，ご飯をあげたりするなどして「お家ごっこ」のようなこともし始める。
3歳児	想像力や空想力が育ち，ごっこ遊びは，より本格的になる。物語の登場人物になりきってポーズを決めたり，お店の人になりきって仕事の場面を再現したりする。ただ再現するだけでなく，自分なりのストーリーを作ったごっこ遊びをするようにもなる。
4歳児	言葉も運動機能も発達し，友だち同士の意思疎通もできるようになり，お話や絵本を持ち込み，想像力や空想力を活発に働かせて「想像遊び」をするようになる。一方で，この期の子どもたちは，自我が育ち，自分の意思がはっきりしてくるので，友だち同士の対立の中で，他人の気持ちを考えたり，折り合いをつけたりする力も育ってくる。そこで，周りの大人は一人一人を見守りつつ，適度に関係を仲介することも必要になってくる。手先も器用になるので，身の回りの材料を使って，ごっこ遊びで使う道具などを作ることができるようになる。
5歳児	友だちとの人間関係が深まり，役割を分担する集団意識が育ってくるので，友だち同士でうまく折り合いをつけながら，共通の目的をもった「集団遊び」ができるようになる。役割の分担を自主的に話し合いで決め，主体的に計画を準備するなど，ごっこ遊びが一つのチームプレイのように発展していくので，じっくり見守りながら関わっていくことが求められる。

② **子どもの活動を中心にして子どもと一緒に遊びを楽しむ**

　ごっこ遊びが生き生きと展開していくためには，大人の固定的な考え方や子どもの発想を曲げるようなことは極力避け，どこまでも子どもの活動が中心になるように配慮をしなければならない。また，ごっこ遊びが始まったら，子どもの自主性，自発性を尊重しながら周りの大人も子どもの世界に入り込んで一緒に楽しみ，子どもたちが想像の世界を広げて自由に遊べるような関わり方をする必要がある。園で展開するごっこ遊びは，放任ではなく見守っていくというきめ細かな配慮が必要なのである。

　年齢の低い子どもの場合には，周りの大人が一緒に遊びの中に入って遊ぶと，大人の動きが，子どもにとっては遊びのモデルを提示することにもなる。また，子どもの発達を引き出すような遊びを提示すると子どもの活動が多面的に発展し，遊びを面白くしていくことができる。

③ **いろいろな体験ができるようにする**

　子どもたちが現実の社会の中でいろいろな体験を積んでいくことは，ごっこ遊びが多様に発展していくために必要なことであり，ごっこ遊びの基盤をつくることにもなる。ごっこ遊びの中で子どもたちがイメージを豊かに膨らませる材料は，身近な興味・関心のあるものであり，実際に体験していることである。水族館や動物園に行って生き物を見たり，乗り物に乗ったり，海水浴やキャンプで自然を体験したりすると，これらの経験はごっこ遊びの中にさまざまな形で反映され，素材としても生かされるのである。

　ごっこ遊びの発想の原点となるのは，現実の社会生活での人間の営みであることが多い。そのため，買い物に行ったり，働いている人や年上の友だちの様子を見たりすることはとても役に立つ。家庭や園だけではなく，地域とも協力しながらいろいろな場所へ行って，さまざまな物事に触れる機会をつくるとごっこ遊びに必要な観察力が養われ，遊びの幅を広げることができるのである。

（2）お話や物語の世界を生きる劇遊び

　これまで説明してきたごっこ遊びであれば，自分たちの見たものを模倣するだけで遊びは成り立つので，乳児でも簡単に楽しめるという魅力がある。そのごっこ遊びにストーリーが生まれたり，絵本の話がもち込まれ特定の登場人物が出てきたりしてそれぞれに役割が生まれてくると，遊びの内容はごっこ遊びから劇遊びへと発展してくるのである。自分たちのしていた真似や振りがストーリーのある劇の形をとってくると，子どもたちの中には，次々に新しいお話が生まれ，ストーリーが明確になって，楽しい物語の世界が共有されてくるのである。

　自分たちが経験したことや身近で聞いた興味のあるお話，読み聞かせで聞いた好きな絵本などの世界を再現し登場人物になり，自分たちの好きなストーリーを作って始める劇遊び。これには，登場人物がいて，それぞれに役割があるという面では，これまでのごっこ遊びにはなかったものである。このような劇遊びに発展するものとして，「友だちと一緒に楽しみながら表現をする」遊びや「お話や絵本などの登場人物になりきることを楽しむ」遊び，また「物語の内容を自由に変えて歌や台詞(せりふ)を入れて楽しむ」遊びなどが考えられる。

1）ごっこ遊びから劇遊びへ

　劇遊びになると，明確なストーリーが出てくる。そのストーリーを共有することによって，ごっこ遊びよりは，遊びに幅と奥行きができて，言葉によるコミュニケーションも多様になり，みんなにわかってもらえるように演技も工夫されてくる。ストーリーが発展してくると台本や台詞，仕草なども整って周りの人にも感動を与えるような劇になってくる。また，歌や身体表現を取り入れるとオペレッタや音楽劇のようにもなってくる。また，これまでのごっこ遊びでの役割は，劇遊びになると単なる振りや真似ではなく，登場人物や配役の演技にも発展してくる。登場人物が配役のようになってくると，それぞれが演じる役の特性も求められるので，演じる子どもたちの個性と想像性が発揮され，楽しいばかりではなく，内容も深くなり面白くなってくるのである。このとき，劇遊びであれば，1つの役に1人の配役というような固定的な考えではなく，「犬の役をやりたい」という子どもが5人いれば無理に1人に絞るのではなく，配役の人数は自分たちで自由に決めるようにしておくと子どもたちは主体性をもって劇遊びに参加することができる。なおここでは，子どもたちが遊びとして行う劇遊びは，いわゆる一般的な「劇」とは区別して受け止めたい。

　子どもたちが，みんなで作ったお話や物語などでも構成上，1つの役のセリフが多かったり，特定の役にだけ希望する子どもが偏ったりすることも考えられる。そのようなときには，原作にこだわらず，ストーリーや登場人物を子ども中心に臨機応変に変えることも劇遊びを充実したものにしていくためには必要である。

　さらに，遊具も身近にあるものを見立てて使うだけではなく，劇遊びの中で必要になる小道具

などを自分たちで製作することも考えられる。演じる役のお面や衣服，道具などを自分たちで揃えれば，劇遊びの中で演じようとする登場人物に愛着がわいて，演技にも一層積極的に取り組めるようになるのである。

　一方，台詞を話す以外にも，劇の中に歌を歌ったりダンスをしたりする場面を加え，ミュージカル風に演出しても楽しいものになる。劇をわかりやすくするために効果音を使ったり，クライマックスで，鈴やタンバリンなどを活用すると劇を一層盛り上げることもできる。

　劇遊びは，遊びそのものがごっこ遊びに比べるとやや高度になるので，２歳児や３歳児のクラスでは，複雑な内容になり，遊びの進行が難しくなることもある。このようなときには，子どもが物語の内容を理解しやすいように，物語の起承転結がはっきりわかるようにあらすじを簡潔に作り替えるような支援も必要になる。

２）劇遊びにおける保育者の留意点と援助

①　環境を整える

　子どもたちが劇遊びに取り組むには，子どもが劇に関心をもてるような環境を用意しておくことが何より大切になる。子どもの遊びが劇遊びに発展するためには，今遊んでいることが楽しいことが大切であり，遊びが自由であり，友だち同士の交流があるということが基底になる。

　また，あらかじめ日々の活動の中に，劇遊びで使う手遊びを取り入れたり，語り聞かせをしたり絵本の読み聞かせをしたりして劇の題材に親しみ，進んで劇の中に入っていけるようにしておくことが必要である。さらに，日常活動で子どもたちがいろいろな真似っこ遊びに親しんでおくことも，劇遊びに入る準備として有効である。例えば，いろいろな題材を出し合って，それに合わせて動物や乗り物などになって遊ぶ経験を積んでいくと，子どもたちは役を演じ，筋を展開する面白さを体感でき，子どもたちの中に劇遊びが広がりやすくなる。

②　自由な発想を大切にし，固定的な考え方を押し付けない

　劇遊びが生き生きと展開するためには，子どものやりたいことを第一に考えて，固定的な大人の考え方や子どもの発想を妨げるようなことは極力控えなければならない。実際に行き詰まったときには，これまでの話をもう一度再現してみると劇遊びが新たな展開を見せることもある。そして，そのとき，役を演じている子どもの気持ちや言いたい台詞などを自由に出し合うと，話は自由に豊かに展開していくものである。そこで子どもたちの中から出てきた答えを劇遊びに反映させれば，子どもたちは，これまで以上に意欲をもって自分たちのつくった役を演じるようになる。

③　子どもの発想を柔軟に取り入れる

　子どもが中心となる劇遊びでは，子どもたちの自由な発想やアイデアを柔軟に取り入れることが大切である。そして，一人一人の「やってみたい」という気持ちを周りのみんなが受け止めることで，さらに想像力や空想力を膨らませた劇遊びを展開していけるのである。そこでは，アイデアを出した子どものそれぞれのよさも引き出され，主体性や想像力も一層発揮できるようになるのである。

　子どもは，自分だけでイメージを膨らませ，アドリブを楽しむこともあるが，ストーリーを豊かに発展させるには，周りのサポートが必要になることもある。とくに１～３歳くらいまでの子どもでは，子どもの世界観を大切にしながら，必要に応じて周りの大人がやって見せ，演じ方を

提示することも必要になる。さらに，4歳以降になると，言葉も人間関係も広がり，周りの者との意思疎通もできるようになり，想像力や空想力を働かせて劇遊びを広げることができるようになる。そこで，周りの大人も上手に子どもたちの劇の中に入り，役割を演じて見せると劇遊びはさらに豊かに展開していくことになる。

　このように周りの大人が劇遊びに参加する必要がある場合には，子どもたちのつくっている世界を大切に共有しながら，子どもたちと同じ視点に立って，演じる子どもたちの相手になったり，ストーリーの展開のヒントを与えたりして遊びを楽しむことが大切である。

　④　うまく仲立ちをする

　劇遊びにおいては，子どもたちが自分たちでやりたいお話や劇を自由に展開していく楽しさや友だちと一緒にがんばる喜びを味わうことができる。しかし，遊びが発展してくると一人一人の子どもたちの頭にあるイメージをそれぞれの形で表現してくるために，時には友だち同士の意見が衝突してしまうこともある。そのような場合は，周りの大人が，一人一人の違いをうまく仲立ちしてつなぐ必要がある。そのとき「Aくんはねずみがいいと思ったけど，Bさんは犬がいいと思ったのかな。それでは，Aくんはねずみになり，Bさんは犬になってやってみようか」など，子どもたちの気持ちを代弁するような提案をするとうまく話は展開していくことがある。

　⑤　劇遊びと劇との違い

　劇遊びと実際の劇とでは，保育の中では大きな違いがある。劇では配役があり，当然その役は1人ということになる。一方，劇遊びでは，なりたい子どもが複数いるときには，同時に複数の子どもがその役になることを認めるので，桃太郎を演じたい子どもが5人いれば，5人がそれぞれ自分が桃太郎だと思って演じていいのである。劇遊びではできるだけそのような自由を大切にしていきたいものである。したがって，お話の筋に沿って台本をきちんと決めておくのではなく，大まかに決めておいて，子どもたちの中からよい発想が出てくれば，その発想を取り上げて，その場その場で変更してみる。登場人物や役割などについてもよいアイデアが出てくれば，劇の中でどんどんそのアイデアを取り上げて話の展開を変えていく。そうすれば，子どもたちは，劇に主体的に関わり，自主的に考えて劇を創造していくことができるようになるのである。

事例7-1　『おおきなかぶ』の読み聞かせから発展した劇遊び

　5歳児クラスで『おおきなかぶ』の読み聞かせをしていて，それが劇遊びに発展していった事例がある。その日も保育者が子どもにせがまれて『おおきなかぶ』を読み聞かせていた。その中で，発達障害と診断されているC児は，みんなの輪には入らず，保育者の周りをひたすら走り回っていた。保育者はそれを制止することなく，表情豊かに『おおきなかぶ』を読み続け，その声はC児にも確かに投げかけられていた。保育者の語りが，おじいさんがかぶを抜く「うんとこしょ。どっこいしょ」の場面になると，C児は急にお気に入りの熊のぬいぐるみとともにみんなの輪の中に入り，保育者の真ん前に座って，『おおきなかぶ』の話を聞き始めた。そこからは，「うんとこしょ。どっこいしょ」の場面になるたびにC児も立ち上がり，みんなと一緒に保育者の作ったおおきなかぶの葉を引っ張って「うんとこしょ。どっこいしょ」と声

を揃え，おおきなかぶを抜き始めたのである。そして，孫の後，犬が登場してくる場面から
は，みんなが縦に前の人の腰につながりながらそれぞれおじいさんになり，おばあさんにな
り，孫になり，犬になり，猫になり，ねずみになって大きな声をあげながらおおきなかぶを抜
く。最後におおきなかぶが抜けたときには，つながっているみんながそのままおおきなかぶと
一緒に倒れ込み，ワーと歓声を上げて喜んだ。C児も連れてきたぬいぐるみの熊と一緒に喜び
ながら，熊におおきなかぶが抜けたことを話して聞かせていた。

　この後，子どもたちは保育者に『おおきなかぶ』を飽きることなく何度も繰り返し読んでも
らいながら，畑を耕す場面，種を蒔く場面，お世話をする場面，かぶを抜く場面と，場面を整
理したり，話に出てくる登場人物の役割を分担したり，小道具を揃えたりしながら保育者の話
に合わせて，『おおきなかぶ』の劇を作っていった。『おおきなかぶ』の劇遊びが盛り上がって
いく中で，「先生がいなくても自分たちだけで『おおきなかぶ』の劇がやりたい」という声が
出てきて，「うんとこしょ。どっこいしょ」のところだけではなく，他の部分も自分たちで読
みたいということになり，読む場所を台詞にして分担し，自分たちだけで『おおきなかぶ』の
劇ができるようになったのである。話が熱中して，劇化してくると，文章を暗記する力も伸び
て，ほとんど暗記してしまうことができた。異年齢児との交流の中でも『おおきなかぶ』の劇
遊びは人気の演目として広がり，「うんとこしょ。どっこいしょ」という言葉は，園の中では
一時流行語にもなっていたようである。そして，年度末に行われる「生活発表会」には，劇と
してこの『おおきなかぶ』が発表され，それぞれの家庭の中にも広がっていった。面白いこと
に，C児のいるグループの『おおきなかぶ』では，登場人物の中に必ず「熊さん」が加わって
いた。

　子どもたちは，昔も今も昔話や童話が大好きである。いろいろな話を聞きたがるとともに，気
に入った好きな話は，何度でも聞きたがる。そこで何度も聞いた話が，やがて子どもたちの遊び
の中にもち込まれ劇へ発展していくことも多い。

3．構成遊び―積み木とLEDライトの構成―

（1）光の効果を取り入れた幼児教育

　イタリアのレッジョ・エミリア市の幼児学校の教育実践は，世界的に高い評価を受けている。
とくに，光の効果を取り入れた幼児教育実践はアートとサイエンス分野を融合したユニークな実
践であり，日本では光の効果を取り入れた幼児教育実践はまだ少ない。

　そこで，本節では，保育所や幼稚園等において重要な教材である積み木にLEDライトを配置
し，幼児の芸術と科学分野のセンス（感覚）を育成するための構成遊びの事例を紹介する。

　筆者は「光と影の美」をテーマとした子どもたちの遊び環境の創造に関する研究をしている。

その一環として，4〜10歳までの子どもたちが，光源にLEDライト，反射材と遮蔽材に積み木を使って造形しながら，「あかりの良否は光源・反射材・遮蔽材のバランスによる」との知見を体験的に学ぶ，造形教育「積み木であかりのワークショップ〜童話を題材とした読書感想光〜」を実践している。これは子どもたちがあかりを鑑賞して，光の美しさを感じるにとどまらず，なぜあかりはきれいなのか，どうすればきれいなあかりを作ることができるのかを自発的・体験的に考え，自ら造形表現したあかりで，光と影が織りなす美の感動を他者に伝える機会をもつことができる。なお，実践に当たり題材を設定したほうがよりよいとの判断から童話を提示し，その「読書感想光」としての造形表現を行わせるものとした。

（2）あかりの質の良否を学ぶ造形表現

1）光源を学ぼう

光源として，LEDライト（最大200個，プッシュライト3灯，透明とカラーセロファンを内蔵した赤・青・黄・緑の5色×40セット）を使用する。あかりの良否を学ぶ導入として，光源単独では決して美しくはなく，光源自体を見ても眩しいだけであることを認識させる。

2）反射・遮蔽を学ぼう

反射材と遮蔽材として，積み木（最大3,000個，ブナの白木，形状7種類，50個×60セット）を使用する。子どもたちがLEDライトを中心に積み木を並べたり重ねたりして，反射材の積み木を照らす光，遮蔽材の積み木同士の隙間から漏れる光，さらに異なる色のLEDライトを並べてできる光のグラデーションなどで造形表現させる。

3）読書感想光を作ろう

題材童話「あかりのありか〜こーきの12かげつ〜」（きみきみよ著）には，初日の出（1月），ひなまつりのぼんぼり（3月），虹（6月），お月見（9月），ハロウィーン（10月）など，毎月の主要なあかりの行事や光に関係する現象が，主人公の紙飛行機の「こーき」の視点から各話60字程度で語られている。この童話にはこーき以外の絵が存在しない。こーきが見たものを，子どもたちが積み木とLEDライトを使って「読書感想光」として造形表現し，絵本として完成させる。

写真7-1　虹（6月）の題材童話と「読書感想光」としての造形表現事例（長門おもちゃ美術館）

6がつは　あめが　たくさん　ふったよ。

やっと　あめが　やんで　はれた　おそらを　とんだら　とっても　おおきな　きれいな　にじが　かかっていたよ。

事例7-2　積み木であかりのワークショップ

　ここでは，筆者による長門おもちゃ美術館（山口県長門市）での実践を紹介しよう。

　このワークショップの実践時間は90分間である。子どもたち40名を各3～5名の10グループに分け，まず光源・反射・遮蔽についての全体説明を行い，次にグループごとに題材童話を黙読させた後，子どもたちに童話から発想した「読書感想光」を造形表現させた。最後にグループごとに題材童話を音読させながら自らの造形表現を発表させた。

【積み木であかりのワークショップのプログラム】

・開始	ワークショップの開始
	光源・反射・遮蔽についての全体説明，題材童話の黙読
・開始10分後	積み木とLEDライトで「読書感想光」を造形表現
	（途中2回，実践会場内を消灯し，造形表現の進捗状況を確認）
・開始60分後	題材童話の音読，造形表現した「読書感想光」の発表，鑑賞会
・開始90分後	ワークショップの終了

　積み木は崩れやすく，子どもたちの造形表現は残しにくい。ワークショップ後，題材童話と造形表現の写真を掲載した「絵本カレンダー」を製作して子どもたちに配布した。こうして造形表現の画像を残し，長い期間，学びの成果や造形表現の感動を家族や友だちなどと共有できた。

演習課題

1．自分の幼児期に経験した「ごっこ遊び」「劇遊び」の中で，印象深く残っているものを，ロールプレイで再現してみよう。

2．保育所保育指針における5領域の内容と「ごっこ遊び」「劇遊び」との関連について，気付いたことをまとめてみよう。

3．事例7-2を参考に，光の効果を取り入れた幼児教育の可能性について，発表し合ってみよう。また，光の効果を取り入れた幼児教育を計画し，その実践を目指してみよう。

参考文献

・河崎道夫：ごっこ遊び―自然・自我・保育実践，ひとなる書房，2015

第8章 子ども理解に基づく評価

《学びのポイント》

1. 子ども理解に必要な観察や記録について理解する。
2. 観察・記録をもとに一人一人の育ちのための評価について理解する。
3. 支援が必要な子どもの理解やその援助と個別の支援計画について理解する。

1. 保育における子ども理解

（1）幼稚園教育要領，保育所保育指針等における子ども理解の位置付け

　幼稚園教育要領，保育所保育指針，幼保連携型認定こども園教育・保育要領において，子ども理解は，保育計画や評価と密接に関連して記載がなされている。それは，日々の子どもの姿を観察し，理解した上で，遊びや活動を計画し，その遊びや活動を通して，子どもや自分の保育を評価するためである。子ども理解と評価のつながりについて図8-1に示す。

　まず，保育所保育指針と幼稚園教育要領をもとに，子どもを理解することについて具体的に考えてみたい。

1）保育所保育指針における子ども理解に関する記載

　2017（平成29）年に改定された保育所保育指針第1章総則の「1　保育所保育に関する基本原則　(3)保育の方法」において，保育の目標を達成するために，一人一人の子どもの状況を把握し，一人一人の発達過程に応じて保育することや，子どもの個人差に十分配慮することが示されている。また，「3　保育の計画及び評価　(3)指導計画の展開」には，指導計画に基づく保育の実施に当たっての留意点が記載されており，「エ　保育士等は，子どもの実態や子どもを取り巻く状況の変化などに即して保育の過程を記録するとともに，これらを踏まえ，指導計画に基づく保育の内容の見直しを行い，改善を図ること」となっている。

　記録に関しては，保育所保育指針解説（厚生労働省，2018）において，さらに詳細に記載されている。「記録することは，保育士等が自身の計画に基づいて実践したことを客観化することであり，記録という行為を通して，保育中には気付かなかったことや意識していなかったことに改めて気付くこともある」とあり，子ども理解において，記録は必要不可欠であることがわかる。

　以下は，保育所保育指針解説に記載されている，記録をするときの視点と記録の読み取りについて簡単にまとめたものである。

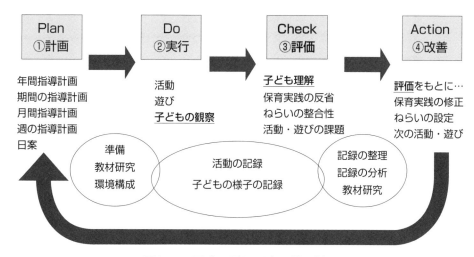

図8-1　子ども理解と評価の位置付け

【記録をする際の視点】

○生活や遊びのときの様子を思い返してみる視点

○ねらいや内容・環境構成・関わりなどが適切であったかを見直す視点

○上記の視点から子どもの生活や遊びにおける保育士等と子どもとの多様な相互作用の様子が明らかになる。

【記録から読み取る内容】

○子どもの表情や言動の背後にある思いや体験したことの意味，成長の姿

○子どもに対する援助が適切であったか

○指導計画を振り返り，保育実践において改善すべき点があるか

　以上のことから，観察し，記録にまとめ，記録から子どもの理解を行い，保育の計画や実際の活動につなげていくことの大切さが理解できるだろう。とくに改善点は，評価につながるところであるが，次の計画や保育をよくするために大切である。記録した生活や遊びのときの様子からねらいの達成のための自分の保育を振り返り，次の同じような活動や支援や援助をするときにどのようにするか，事前の準備や環境をどのように構成するか，どのようなねらいを設定するのか考えていくことで保育がより豊かになると考えられる。よりよい保育を目指して，観察・記録・分析ができるようになってほしい。

2）幼稚園教育要領における子ども理解に関する記載

　幼稚園教育要領における子ども理解に関しても，第1章総則「第4　指導計画の作成と幼児理解に基づいた評価」の「2　指導計画の作成上の基本的事項」の最後に，「幼児の実態及び幼児を取り巻く状況の変化などに即して指導の過程についての評価を適切に行い，常に指導計画の改善を図るものとする」と記載されていたり，「3　指導計画の作成上の留意事項」(4) においては，「幼児が次の活動への期待や意欲をもつことができるよう，幼児の実態を踏まえながら，教師や他の幼児と共に遊びや生活の中で見通しをもったり，振り返ったりするよう工夫すること」と記載されていたりしている。とくに，3の (4) は，2017年の改訂で追加され，子どもを理解した上で，保育の活動を実施していくことの重要性がより強調されている。

以上のことから，保育において，子どもを理解するためには，子どもの活動の様子を観察する必要があり，観察の方法の理解やそれをまとめる文章力が求められる。保育者になると，日々観察し，記録を取ることや保護者とのやりとりに連絡帳を使用して行うことも多いので，学生時代に書くことを苦にしないように，講義中は積極的にメモを取ったり，スケジュールの管理に手帳を使用してみたり，日々の出来事を手帳に日記のように書いたりして，記録することへの準備をしておくことも大切である。

（2）一人一人の子どもの理解のための観察と記録

　保育士資格や幼稚園教諭の免許を取得するためには，養成施設へ実習に行く必要があり，そこでは必ず日誌を書くことが求められる。日誌を書くときには，「環境構成」「子どもの活動や姿」「保育者の援助」と多岐にわたって観察し，その日の学びをまとめる必要がある。しかし，保育士や幼稚園教諭を目指す学生の多くは，実習での不安や困り事に「日誌を書く」ことをあげており，観察してまとめることはハードルが高いと考えられる。そこで，まずは観察について詳しく述べる。

1）観察とは

　観察とは，心理学において，人間や動物の行動を自然な状況や実験的な状況のもとで観察，記録，分析し，行動の質的・量的特徴や行動の法則性を解明する方法を指す。そこでは，行動記述（行動のありのままの記述記録），行動測定（姿勢，発語，やりとりのパターン，移動距離など客観的で観察可能な側面の頻度記録），行動評定（声の大きさ，注意の程度，活動への集中度など行動の程度の評定）や印象評定（行動から受ける印象の評定）のいずれかが行われる[1]。

　保育では，主として自然の状況のもとで保育を行いながら観察（参加観察）が行われ，子どもの行動をありのままに記述する行動記述が多く用いられている。しかし，子どもの姿が多様化している今，従来から用いられている行動記述だけでは，的確に子どもを理解することは難しい。保育者が子どもを理解するためには，何を知るかによって観察の方法を変えることでさまざまな視点で子どもをとらえ，理解を深めることができると考えられる。

2）観察の種類

　子ども理解において，さまざまな観察の手法を知ることによって，子どもを多角的にとらえることができる。観察の種類について表8-1に示す。

　それでは，観察の種類について，保育者を目指す学生や保育者は具体的にどのように活用しているのだろうか。まず，皆さんが実習にいくときには，実習期間中に毎日記録を書くため，表8-1でいう日誌記録法の手法を使う。また，多くの園では，日々の保育の記録を日誌形式で記入するため，やはり日誌記録法を活用することになるだろう。また，一人一人の子どもの様子についても記録するが，人数が多くなれば，毎日記録できないこともある。その場合には，個々の遊びや活動の様子，気になる様子や印象に残ったことなどを，逸話記録法を活用して記録することになる。

　日誌記録法や逸話記録法は，普段の保育記録でもよく活用されるが，それ以外の観察の種類もある。ぜひ，実習や普段の保育の観察に生かしてほしい観察の種類がある。事象見本法，時間見本法，評定尺度法である。

表8-1　行動観察法の種類と特徴

	概　要	長　所	短　所	保育での使用
日誌記録法	行動の日誌型の記述	・行動や人格特性を縦断的に理解できる ・多様な行動面を十分に描くことができる ・発達の変化の仮説をもたらす	・一般性に欠ける ・観察の偏りが生じやすい ・客観的事実と解釈が混同されやすい ・たいへん時間を要する	実習日誌 保育日誌
逸話記録法	行動の偶発的発生を観察	・簡単に行える ・複雑な行動の全範囲を豊かにとらえられる ・自然の状況の中で行動が研究できる ・記録はいつでも何度でも見ることができる ・行動の意味や発達に対する仮説をうみ出せる	・記録される逸話の選択に偏りが生じる ・観察に時間がかかる ・データを量化するのが難しい ・信頼性妥当性を保証するのが難しい	子どもの記録 普段の個別の子どもの様子の記録
事象見本法	特定の行為の過程を観察	・観察される状況や行動の統合性や文脈を維持できる ・対象とする事象行動が明確であり，生起要因や経過が詳しく把握できる ・あまり頻繁に生じない行動にも使える	・事象が生起するまで待つ必要があり時間の無駄が多い ・事象が生起しやすい設定や場面，時刻を十分把握しておかないと適切な観察ができない	子どもの気になる行動などの記録
時間見本法	行動の流れを時間間隔で分け，特定の行動の有無や頻度で観察	・効率的で時間が節約できる ・同時並行的に複数の人物の行動を記録できる ・発声や凝視のような非連続的な行動の測定に使える ・頻度や生起を含む行動の測定に使える	・まれにしか出現しない行動の分析には不向き ・行動の流れを人工的な任意の時間間隔で分割してしまう ・観察単位中の行動の有無のみ見ると，必ずしも真の頻度を反映しない	生活や活動などの保育場面ごとによる記録
評定尺度法	観察した行動の程度や印象を数値的に評価	・効率的で時間が節約できる ・構成が容易で実施が簡単 ・応用可能性が広い ・あまり訓練されていない人でもできる ・量化されにくい領域の行動に適している	・構成や実施が容易なため，しばしば無差別に使われる ・観察者の心理的要因による偏りのエラーをまぬがれないため，信頼性が失われる可能性がある	自己評価 安全点検 環境構成 発達などのチェックリスト

(中澤　潤・大野木裕明・南　博文編著：心理学マニュアル　観察法, 北大路書房, p.7, 1997)

　事象見本法とは，ある特定の行動に焦点を当て，それがどのように生起し，どのような経過をたどり，どのような結果をもたらすのかなどをそのときの状況の文脈の中で，組織的に観察する方法である。実習で子どもたちと接していると，「なぜそのような行動をするのか」と不思議に感じることも多いと思われる。その不思議に感じた行動に焦点を当てて観察すれば，単に不思議に思っていた行動も，その行動の理由と援助の仕方がはっきりするかもしれない。例えばA児が，活動中にじっと座れないことが気になった場合，A児がじっと座っていられないときに観察を行う。どのような場面でじっと座れないのか，じっと座れない行動の継続時間，座っていない

ときの行動，原因，じっと座っていられない時間帯などを観察する。このような観察を継続すれば，A児がじっと座っていられないことへの理解が深まり，援助や支援の方法につながることもあるだろう。

　時間見本法とは，時間を区切って観察する手法である。実習で一日をくまなく観察すると偏りや見逃しができかねない。そのため，「登園時の保育者の援助方法について観察する」のように時間を区切り明確化することで，観察不足が軽減できる。

　観察の記録には，客観的に観察することが求められるが，保育者が日々活用する日誌記録法や逸話記録法では，観察に偏りがでてくる可能性がある。その際には，チェックリストなどを活用する評定尺度法の活用もよいと考えられる。保育の中でも，安全管理などで普段からチェックリストを用いて保育を振り返るために活用していることも多い。例えば，次節で解説する「一人一人の子どもの育ちのための評価」とも関連するが，保育士の自己評価，最近では，保育環境や子どもに関するさまざまなチェックリストがあるので，活用してみることで客観的にとらえられるというメリットもあるだろう。子ども理解においても，多くのチェックリストが提供されているので，活用することによって子どもの一面を理解することができることができるかもしれない。ただ，注意すべき点としては，チェックリストを活用するとその結果を絶対視しがちになるので，観察の一つとして，あくまでも参考にするという姿勢が求められる。

　その他にも，保育現場で用いられる手法として，エピソード記録やドキュメンテーションがある。最近では，実習の日誌にエピソード記録を活用している養成校もある。

　まず，エピソード記録について説明する。鯨岡[2]は，観察記録において客観的な行動の事実を羅列されていることを指摘し，日々の記録の中に，相手はこう思って生きている，こう感じて生きている，自分もこう感じて接しているというような，思ったこと，感じたこと，考えたことを記録し続けることで，観察している子どものことを「こういう子なんだ」という人物像がはっきりし，保育者の子ども理解につながると示している。最近では，この記録の方法が定着し，皆さんが使用する教科書などにも，保育に関するエピソード記録を活用した事例が多く示され，保育の様子を想像しながら学習し，理解の深まりにつながっているのではないだろうか。

　そこで，エピソード記録の書き方について整理する。まず，エピソード記録を書くためには，エピソードの選択が必要になる。実習の振り返りの場合には，自分の設定した目標や課題に関連するような内容や疑問に思ったり，保育者とともに振り返ったりしたい内容や，印象に残った出来事などを選ぶとよいだろう。エピソードが決まったら，５Ｗ１Ｈ（いつ・どこで・誰が・何を・なぜ・どのように）をもとに，そのときの情景が想像できるように詳細に書くとともに，その出来事に関わる，子ども，自分，保育者などの心情についても記載する。最後にその出来事に対しての自分の考えや，課題点や反省点，次への課題などを整理する。また，記録したエピソード記録は，実習後に情報を共有し，他の学生や教員とディスカッションに活用すると，より子ども理解の力が培われていくだろう。

　次にドキュメンテーションについて説明する。ドキュメンテーションは，もともとイタリアのレッジョ・エミリア市の幼児学校と乳児保育所で行われている保育に関する記録を指し，記録は，動画や録音，写真，ノートなどさまざまな方法で行われる。大豆生田[3]によると，日本では，1970年以降にカメラが大衆化され，保育の現場でも，写真での記録が行われ，多く活用さ

れてきたこと，またエピソード記録の定着化に加え，2000年代に入り，ドキュメンテーションの記録の影響を受け，今まで行われてきた写真の記録にエピソード記録を加えるという日本版ドキュメンテーションへと変化していると述べている。

　エピソード記録は，そのときの様子やそのときの保育者の考えなどを文章で詳細に書く必要があり，保育者の観察力や文章力が大きく問われる。一方で，ドキュメンテーションは，写真などからその様子を視覚的にかつ具体的に見ることができ，エピソードもエピソード記録ほど詳細に書く必要がなくなり，作成した記録は保育者間や家庭と共有でき，子ども理解が深まる。さらには，ICT（情報通信技術）の普及に伴い，短時間で作成でき，保育者の負担軽減につながるというメリットもある。

2．保育者の自己評価と一人一人の子どもの育ちのための評価

　評価には，保育者の自己評価，一人一人の子どもの育ちのための評価，幼稚園や保育所等自体の自己評価（第三者評価や学校評価）の3種類に分けることができる。ここでは，保育者の自己評価と一人一人の子どもの育ちのための評価について，幼稚園教育要領と保育所保育指針をもとにその位置付けや意義について解説する。

　まず，評価の位置付けについて確認する。図8-1で示したPDCAサイクルでいうと，「C：Check」の部分に当たる。実践を行い，そのときの子どもの様子と自分の保育を振り返り，観察した事柄を記録として整理し，次への見通しや，改善点を明らかにしていく。

　2017年の改訂・改定では，幼稚園教育要領，保育所保育指針ともに総則に位置付けられ，今まで以上に重視されていることを示している。

（1）保育者の自己評価

　保育者の自己評価は，一人一人の子ども理解と関連がなさそうに感じるかもしれないが，子どもが遊びや活動にうまく取り組めなかった，充実しなかった，予想以上にできなかった場合，子どもに必ずしも，原因があるわけではない。まず，その保育に対して，子どもの姿に合わせた遊びや活動の選択ができていたのか，ねらいの設定に無理はなかったか，遊びや活動に興味・関心がもてるような導入ができたか，説明がわかりやすかったか，環境構成や援助は適切であったかなど，まず保育者自身の保育を振り返ることが求められる。

　保育者の自己評価については，保育所保育指針においては，第1章総則「3　保育の計画及び評価　（4）保育内容等の評価」に記載されている。「保育の計画や保育の記録を通して，自らの保育実践を振り返り，（中略）保育実践の改善に努めなければならない」，また「自己評価に当たっては，子どもの活動内容やその結果だけではなく，子どもの心の育ちや意欲，取り組む過程などにも十分配慮するよう留意すること」と示されている。

（2）一人一人の子どもの育ちのための評価

1）保育所保育指針における子どもの育ちのための評価

　保育所保育指針解説に「自己評価における子どもの育ちを捉える視点」として，詳細に記載されている。ここで重要になるのは，「ねらいと内容の達成状況を評価することを通して，一人一人の子どもの育ちつつある様子を捉える」とあり，結果のみではなく，どのようにして，興味や関心をもち，取り組んできたのか，その過程を理解することが記されている点である。また，子ども同士や，保育士等との関係など，周囲の環境との関わり方，必要に応じて，生育歴や保育歴，家庭や地域生活での生活の実態など，幅広く目を配ることで，子どもをより多角的に理解できると記している。

2）幼稚園教育要領における一人一人の子どもの育ちのための評価

　第1章総則「第4　指導計画の作成と幼児理解に基づいた評価」の「4　幼児理解に基づいた評価の実施」に記載されている。この部分は2017年の改訂において追加されている。ここでは，保育者の保育（指導の過程）を「振り返りながら幼児の理解を進め」と記載されており，子どもの育ちの評価は，保育者の保育の振り返り（評価）とともに行い，互いに関連させながら評価することの重要性が記されている。

　また，子どもの育ちについては，「他の幼児との比較や一定の基準に対する達成度について」評価するものではないとあり，保育所保育指針に記されていることと同様に，育ちつつある様子をとらえることが求められる。

　以上のことから，子どもの育ちの評価については，できた・できない以上に，保育者の自己評価と連動させながら，子どもの観察を行い，今後は，どのような遊びや活動を取り入れればよいか，どのような環境を構成すればよいか，どのような援助や支援をすればよいのか，実施した結果，どのように子どもが成長したのかという変化をとらえることが大切だといえるだろう。

3. 特別な配慮が必要な子どもへの援助・個別計画

　幼稚園，保育所，認定こども園などにおいては，障害のある子どもだけではなく，虐待を受けた（受けている）子ども，貧困やひとり親家庭，外国籍の家庭などさまざまな特別な配慮が必要な子ども・保護者が増えている。そのような子どもや保護者を適切に支援することも，保育者には求められている。そのため，幼稚園教育要領と保育所保育指針では，以下のように，個別の指導計画や支援計画を作成して適切な対応を図ることが求められている。

　障害のある幼児などへの指導に当たっては，集団の中で生活することを通して全体的な発達を促していくことに配慮し，（中略）個々の幼児の障害の状態などに応じた指導内容や指導方法の工夫を組織的かつ計画的に行うものとする。（中略）個別の教育支援計画を作成し活用することに努めるとともに，個々の幼児の実態を的確に把握し，個別の指導計画を作成し活用することに努めるものとする。

（幼稚園教育要領第1章総則「第5　特別な配慮を必要とする幼児への指導」）

> 　障害のある子どもの保育については，一人一人の子どもの発達過程や障害の状態を把握し，適切な環境の下で，障害のある子どもが他の子どもとの生活を通して共に成長できるよう，指導計画の中に位置付けること。また，子どもの状況に応じた保育を実施する観点から，家庭や関係機関と連携した支援のための計画を個別に作成するなど適切な対応を図ること。
>
> 　　　　　　　　　　　　　　　　（保育所保育指針第1章総則「3　保育の計画及び評価」）

　近年では，「インクルーシブ保育」という観点から，子どもたち一人一人の将来像を想像して，個別の環境や発達を考えながら，個々の発達を保障する保育を展開することが求められている。そのため，保育者は保育計画の中に個別の子どもの発達などに応じた計画を立案しなくてはならない。しかし，実際の現場において「集団に入れない」「全体での指示が通らない」「保育室から出ていく」「友だちとトラブルが多い」「パニックになる」などの「困り感」は保育者に強くあり，どのように対応したらよいのかわからないときが多いのではないかと思われる。また，同じような言動であっても，その背景もさまざまであり，一律に対応しても効果が得られない。そこで，個別の支援計画や指導計画を適切に立案・実践することは重要となる。

（1）個別の支援計画
1）個別の支援計画

　「個別の支援計画」は，特別な配慮を必要とする子どもが，地域で落ち着いてQOL（quality of life；生活の質）を保障されて暮らすことができるために，保護者・教育・福祉・保健・医療などの機関が連携して実施するための計画であり，1～3年の期間で目標を定めて長期計画を立て，指導・評価を行う。書式は決まっていないが，一般的に図8-2に示したような内容を保護者からの記載や聞き取りをもとに作成する。

2）支援目標を決めるまで

　支援目標は，基礎的な情報や現在の子どもの姿・保護者の願いなどを総合的に判断して，長期の目標を考えていく。その際重要なことは，保育者が「気になる」と感じた子どもについては，保育者が感じたことが，確かであるのか，どのような項目が苦手であるのかなどを明らかにする必要がある。そこで，子どもの状態を，保育の中で観察して「記録」を付けることがまずは重要である。書式にこだわらず日記形式でも十分である。日付・曜日・天気，気になったときの活動や時間帯，友だちや保育者との関わりなどについて記述すると，例えば「休みの次の日は落ち着かない」「曇りの日は機嫌が悪い」「製作の時間になると保育室から出ていく」など気になる行動のヒントになるようなことが明らかになる場合もある。また，子どもの発達についてのチェックを行い（遠城寺式・乳幼児分析的発達検査法（0か月～4歳8か月に適用，移動運動，手の運動，基本的習慣，対人関係，発語，言語理解の6つの領域からチェック）など保育者が記入しやすい発達についてのチェック項目があるものがよい），その結果から子どもの現在の姿を，本当に発達に遅れが考えられるのか，どのような項目が苦手なのか，また得意なのかなど客観的に評価しておくことが大切である。保育者にとっては多忙な毎日の中，負担に感じるかもしれないが，メモを取っておいたり動画なども活用していくなど工夫することも重要である。

| 作成日 | 年 | 月 | 日 |

作成者 _____

（ふりがな）	生年月日	年	月	日
本人氏名	㊚ ・ 女　年齢　3歳 2か月
保護者氏名	続柄（　　母　　）
住所	連絡先①
	連絡先②

家族構成　　母、祖母、姉（5歳）、弟（2歳）

成育歴等で記入すべきこと
・特になし。首のすわりなど遅れがなかったが、発語は遅れている。
・本児が2歳6か月に父母は離婚、ひとり親家庭である。祖母が同居している。

家族のニーズ・困っていること
・スーパーなどに行ったときに迷子になることが多い。
・急に怒ったり、泣いたりするが、言葉でうまく伝えることができない。

興味のあること・好きなこと
・童謡（「汽車ポッポ」）が好き
・乗り物のおもちゃで遊ぶこと。

苦手なこと
・先生の話を静かに聞くこと（理解できない部分がある様子）。
・集団で遊んだり、行動したりできない。

その他
・偏食が激しく、決まったもの（白いごはん、ミートボール、ウインナー）しか食べない。お菓子は食べる。
・急に保育室を出ていったりするので、保育者が必ず一人は付き添っている。

支援目標（今年度）
1．担任との信頼関係を構築する。
2．園の生活の中で、できることが増える。

具体的な実践内容
1．用事があるときなどに、「先生」と担任を呼べるようになる。
2．担任の声かけで登園後の準備ができるようになる。（1学期）
3．友だちの様子を見たり、短い声かけで、登園後の準備ができるようになる。（2学期）

図8-2　個別の支援計画（記入例）

3）支援目標の見直し

　いったん定められた支援目標については定期的に見直し，軌道修正することが必要である。そのためにも，個別の指導計画の立案と実施による現状把握を行い修正が必要かどうか，支援方法の見直しなどの評価を定期的に行うことから修正や補足をするために，職員会議よりもよりきめ細かいケア会議（ケース会議）などを開催し情報交換を行い検討することが重要である。

（2）個別の指導計画

　「個別の指導計画」は，支援が必要な子ども一人一人に応じた指導目標や指導内容・方法を具体的に盛り込んだ最も実践に近い内容である。保育については保育計画や指導案を作成するが，その中で個別にどのような物理的環境を用意するか，予想される言動についてどのような支援を行うかということを考えなくてはならない。しっかりと子どもの姿が把握・理解ができていない

と指導計画は実践が困難になってしまうため，子どもの総合的な理解が必要である。

　実際にA児の事例をもとに，個別の指導計画を考えてみよう（事例8-1，図8-3）。

事例8-1　発達障害のあるA児

　A児は，保育所に通う4歳児である。クラスの子どもたちに比較して言葉数が少なく，生活の中でこだわりも強くみられる。特に座る椅子や物の位置にこだわりがある。また感覚過敏もあるようで，べたべたしたものが嫌いであったり，雨の日には不機嫌になることが多くある。また，原因がはっきりわからず急に怒ったりパニックになることもあり，保育者は常に目が離せない状態である。お気に入りの童謡を聞いたり，本を読むことは大好きである。

1）個別の指導計画立案・実践のポイント

　個別の指導計画を立案・実践するポイントとして，以下の4点があげられる。

　　①　担任または担当の保育者との信頼関係が構築されている。

　　②　記録や情報交換から子どもの姿が把握でき，子どもの言動が予測できる。

　　③　そのときの具体的な支援方法を2〜3案は考えられる。

　　④　園内での個別のケア会議が行われたり，専門のアドバイザーにより立案・実践についての検証が行われる。

　まずは，主たる担任との信頼関係を構築することが基礎となる。信頼関係の構築には，その子どもを知ること・知りたいと思う気持ちをもつことが基盤となり，そこからきめ細やかな観察や気持ちの読み取りにつながる。その内容は記録に残すことが重要であり，情報交換を通じて，周知することが必要である。その上で初めて子どもの言動の理解・予測が可能となる。予測された言動については，具体的な支援方法（言葉がけや，環境の工夫など）を2〜3案用意していることも保育者にとって安心材料となる。そして，園内においては単なる情報共有ではなく，個別のケア会議が定期的に開催されることが保育者の専門性を高め，孤立感を防ぐことにつながる。また，専門的な外部講師などからアドバイスを受けることにより，保育者が気付かないことや新たな視点が生まれることもあり，保育者にとっての支えとなることがある。何よりも保育者自身が孤立感を感じず，周囲と連携して支援を行うことが子どもたちとの信頼関係の構築につながる。保育者が安心感を与えられる存在になれることが，支援の基礎となる。

● 月 ● 日（曜日）

| 担当保育者名 | ○○　○○○ |

指導計画書（Aくん）

クラス	組　　4歳児	（男児14名　女児10名）	
支援目標 （長期目標）	今年度末には、クラスでの活動に一部参加できる。		
指導目標 （短期目標）	1．Aくんのわかりやすい環境をつくる。 2．保育室から出ていく時間を短くしていく。		
主な活動	ヨーヨー製作		

時　間	環境の構成	子どもの活動	保育者〜援助等	予想される姿	具体的な支援
8：50	○…子ども ◎…Aくん ☆…Bくん	トイレで排泄を行う 水分補給を行う 椅子を持ってきて朝の集まりが始められるようにする ピアノに合わせて元気に歌を歌う	トイレに行ったり、水分補給を済ませた子どもから自分の椅子をもって座るように声をかける 全員が揃ったことを確認して、「おはようのうた」や季節の歌を歌う。子どもたちが元気で楽しく歌えるようにピアノを弾きながら歌い、上手に歌えていたことをほめる	自分の椅子にこだわりがあるので、椅子が見つからないと混乱する	Aくんの椅子は、あらかじめAくんがわかりやすい場所に置いておく
9：00		朝の挨拶をする 名前を呼ばれたら元気に返事をする 話を聞く	「おはようございます」の挨拶をして、出欠を確認する 名前を呼ぶ子どもの顔をしっかり見ながら併せて体調を確認する 今日の活動で使う新聞紙を見せて、破く向きによって破れる長さが違うことをやって見せる 子どもたちが興味を示し、活動に入れるようにやって見せる際は、明確な表現で行う	自分の名前を呼ばれるのが待てなかったり早く呼ばれるその間が待てないことがある 活動の説明を聞くことができずに保育室から出ていくことがある	その日の様子に合わせて名前を呼ぶ順番を考える 説明はできるだけ視覚的にわかりやすくしたり、個別に説明する
9：30	一緒にいるとトラブルになるので、活動中はなるべく距離をあける	椅子を片付ける 新聞紙をもらい、好きなように破る	椅子を片付けるように伝え、片付けた子どもから1枚ずつ新聞紙を渡し、好きなように破いたり、破いた長さを比べたりできるように声をかけ、遊ぶ姿を見守る 時間までもっと破きたい子どもには新聞紙を渡す。面白い形や長い新聞紙などを作っている子どもがいれば、みんなに見せてもよいか聞き、みんなに見せたり、うまく破くことができない子どもがいれば認める声かけをする	椅子や机がないと落ち着いて取り組めないこともある 活動に興味がもてずに他のことをしたり、保育室から出ていくことがある	Aくんが無理なく取り組める内容に変更したり、製作の一部分を担当したりする 興味がもてない場合は、他の活動も考えておくできるだけ保育室から出ていく時間を短くするように目標に沿って支援する（好きな活動を用意する、担任との信頼関係を構築し、コミュニケーションがとれるようになる、など）
		新聞紙の中で遊ぶ 部屋の壁側に移動してビニール袋を1枚ずつもらう ビニール袋に新聞紙を入れていく	時間まで破いたり、破いた新聞紙の上に寝転んだり、上に投げて遊んでいいことを伝え、保育者も一緒に遊びながら次の準備をする 遊ぶのをやめ部屋の壁側に集まるように声をかける 「今度はお片付け競争をしよう」と一人1枚ずつビニール袋を渡し、ちぎった新聞紙を入れていくように促す。出来上がりのヨーヨーを見せて、昼食を食べ終わった子どもからヨーヨーで遊んでいいと伝える		
10：30	☆ ピアノ	いっぱいになったら、先生のところに持っていく 自分のビニール袋をロッカーに入れて昼食の準備をする	ビニール袋がいっぱいになった子どもから先生のところに持っていき、ビニール袋の口を閉じてもらい、ロッカーに入れるよう声をかける 活動を終えた子どもから絵本を読んで待っておくように伝え、昼食用のテーブルを準備する		

（以下，午後は省略）

（指導案作成：福岡県北九州市立幼稚園）

図8-3　A児の指導計画書

演習課題

1．４人から５人のグループで，戸外で遊び，その様子を写真に撮り，子どもの遊ぶ様子という想定でドキュメンテーション記録を作成してみよう。
2．実習で出会った配慮が必要な子どもを思い浮かべて，ある日の30分〜１時間程度の保育での指導計画を立ててみよう。

引用文献

1）中澤　潤・大野木裕明・南　博文編著：心理学マニュアル　観察法，北大路書房，1997
2）鯨岡　峻：エピソード記述入門　実践と質的研究のために，東京大学出版会，2005
3）大豆生田啓友・おおえだけいこ：日本版ドキュメンテーションのすすめ「子どもはかわいいだけじゃない！」をシェアする写真付き記録　教育技術　新幼児と保育MOOK，小学館，2020

参考文献

・汐見稔幸・無藤　隆監修，ミネルヴァ書房編集部編：〈平成30年施行〉保育所保育指針・幼稚園教育要領・幼保連携型認定こども園教育・保育要領解説とポイント，ミネルヴァ書房，2018
・松本峰雄監修，浅川繭子・新井祥文・小山朝子他：よくわかる保育士エクササイズ６　保育の計画と評価演習ブック，ミネルヴァ書房，2019
・秋田喜代美・松本理寿輝監修：保育の質を高めるドキュメンテーション　園の物語の探求，中央法規出版，2021
・矢野洋子・太田彩加・安東綾子：支援者への支援の必要性（Ⅰ），九州女子大学学術情報センター研究紀要，５，93-102，2022
・文部科学省：発達障害を含む障害のある幼児児童生徒に対する教育支援体制整備ガイドライン，2017
・文部科学省：発達障害者支援に関する行政評価・監視の結果（勧告）に基づく対応について，2017
・小竹利夫・芳野正昭・矢野洋子他編著：障害のある子どもの保育・教育，建帛社，2020
・東田直樹：続・自閉症の僕が飛び跳ねる理由，エスコアール出版，2020
・岩﨑淳子・及川留美・粕谷亘正：教育課程・保育の計画と評価，萌文書林，2018
・友田明美：子どもの脳を傷つける親たち，NHK出版，2017
・鯨岡　俊編：障害児保育　第２版，ミネルヴァ書房，2013

第9章 家庭や地域との連携と保育内容

《学びのポイント》
1. 家庭と連携する意義と，園から子どもの育ちを発信する内容と工夫について理解する。
2. 地域の人材や資源はどのようなものがあるか，その活用と効果について理解する。

　子どもたちは，家庭生活をベースとし，園や地域で過ごしている。保育者や友だち，地域に住んでいる方，働いている方々と出会い，関わり方に気付き親しみながら，さまざまな経験を自分に取り込んでいるのである。子どもたちが自分で得たことを遊びや生活で再現することで，学びは深まり積み重なっていく。本章では，実際の園の取り組み例から，家庭や地域と連携した保育内容の具体的な展開方法について探ることとする。

1. 家庭との連携

　乳幼児期は，心身ともに目覚ましい成長を遂げる時期である。一方で，未発達であるために，機嫌や体調が揺れ動きやすい。興味・関心も移り変わりやすい。また，自己中心的で自己主張が強いため友だちとのやりとりでのトラブルを経験しながら，コミュニケーション能力を培っていく時期である。そこには，一人一人の状態や状況を把握し，きめ細かい援助が必要である。

　園の方針や保育の意図を保護者に知らせ理解してもらうことは，連携上重要である。保護者は，子どもたちが楽しそうにしていることは，表情や言葉から見えやすいが，子どもが興味・関心を向けていることや，育ちつつある姿は見えにくいものである。友だちとのトラブルのように，一見，育っていないように思えても，通過点として必要なプロセスもあるのである。遊びのプロセスは学びのプロセスである。このような子どもの育ちをとらえるためには，一人一人の性格や興味だけでなく，幼児期の特性や発達の見通しの理解が必要である。保育者は保護者に保育の中身をわかりやすく開示し，説明することが求められる。

　日常的に保護者とコミュニケーションをとり，子どもの実態について情報共有することが大切である。園からの一方通行にならないようにしたい。園は家庭での様子を知ることで，心身の健康への配慮や生活管理ができるだけでなく，興味・関心のある教材や環境づくりのヒントを得られる。保護者は園での様子を知ることで，安心し，成長を感じられる。また，園との心の距離が縮まることで，いっそう子どもたちの豊かな育ちをともに支えることができるのである。保護者が自分の思いを園に発信しやすくなることで子育てのヒントを得られ，相談事業につながることも期待される。

（1）保育参観・保育参加を通して

　保護者は登園時に子どもを園に送り出すと，降園時まで，「どうしているかな？」と家庭とは違う集団生活での様子を気にかけているものである。園は保護者に来てもらい，子どもの様子をとらえる機会を設けている。

　「保育参観」とは，子どもの様子や友だちと関わる様子，集団の中での姿，保育の様子を見てもらうものである。集団の中でどのように過ごしているのか，参観することでわが子を客観的にとらえ，家庭とは違った姿や，普段は気付かない成長したところ，関わり方など，さまざまに感じる機会になる。また育ちにつなげたい保育者の熱意が伝わると信頼を築きやすくなる。

　「保育参加」とは，保護者も実際に子どもと同じように活動に加わり，園生活を体験するものである。クラス集団に入り込むからこそ，見えてくる子どもの活動の豊かさや，一人一人の個性や育ち，子どもなりに人間関係の中で育ち合っていることが実感できる。

　いずれも，園の方針，保育内容を具体的に理解し，安心してもらう機会になる。また，保育参観と保育参加の双方のよさを取り入れるため，一つの行事に，観察する時間と保護者に取り組んでもらう時間を設けて組み合わせることもできる。

1）誕　生　会

　成長を祝う誕生日は，心躍る一大イベントである。「もうすぐ誕生日だからできるよ」と自らいつも以上のエネルギーをつくり出し，チャレンジできる姿もある。子どもが5歳になったならば，保護者自身もパパ・ママになって5年経ったというお祝いでもあり，保護者の気持ちも嬉しさで高まる。誕生会に誕生児の保護者を招く園も多い。誕生児の紹介では，誕生児本人は好きな食べ物や将来の夢などを発表し，保育者は最近の遊びの様子やその子らしさ，よさを伝え，保護者は名前の由来や家庭での様子を話している。誕生児は喜びを実感し，周りの子どもたちは，誕生児のことを今まで以上に知って親しみを感じる機会になっている。

　また，保育参加の企画として，お祝いの出し物を参加の保護者同士で行う園もある。楽器演奏やダンス，寸劇など，あらかじめ保育者が企画し身に着けるものやお面などの準備はしておき，担当や動きなどの役割や進行は保護者に任せ，保護者同士が言葉を交わし，親しくなるきっかけにしている。こうしてお祝いムードは高まり，親子にとって思い出深い誕生会となる。このように，保護者同士も協力してみんなで保育を創りあげる一体感が連携のよさと考える。

2）親子運動会

　運動会は子どもたちが自分の成長や力を披露できる場である。保護者も一緒に楽しむプログラムを織り込むことで保護者自身も運動の楽しさを体感し，子どもの思いに共感できる。保護者は，子ども一人一人が力を発揮し発表するかけっこやダンス，遊戯などでは応援し，親子対抗競技などは保護者もチームの一員となって張り切って参加し，運動会の場の雰囲気を盛り上げることになる。親子で一生懸命になる楽しさ，負けた悔しさ，勝った達成感など，さまざまな感情体験を共有したり仲間と気持ちを分かち合ったりすることを通して，心豊かな園での活動の大切さに気付く機会になる。

3）日々の保育への参加

　"パパ・ママ先生"として保護者にも，保育者と一緒に保育活動をリードする役割を担ってもらい，子どもたちと関わり，子どもの育ちを支えてもらうこともできる。保護者は，自分の子ど

もだけでなく，さまざまな子どもたちとじっくり関わることで，同年代の子どもたちの様子を知ることができる。また，パパ・ママ先生のサポートにより，5歳児の包丁を使ったクッキングや，3歳児の園外保育など，子どもの活動が豊かになる。他にも絵本の読み聞かせや，畑作り，お楽しみ会の出し物などの担当も考えられる。子どもたちは，「○○ちゃんのお母さん，すごい」「○○君のお父さん，面白かったね」と自分の親とは違う，パパ・ママ先生に親しみを感じられるだろう。子どもたちにとって，パパ・ママ先生との出会いは，経験だけでなく人間関係が広がる機会にもなるのである。

（2）情報を発信して

　子どもたちの園での様子について，文字や写真などの情報とともに保育の意図や子どもたちの成長を解説して伝えることで，園と保護者が喜び合い，保護者の子育てへの意欲を高め，園の取り組みに理解を得られる。視覚的情報の工夫により，健康や食育，友だちとの関わりなど子育てに必要な知識やとらえ方を提供することもできる。以下に，情報発信の方法について3例をあげる。

1）園 だ よ り

　行事の案内や依頼事項，健康管理や食育，子どものつぶやき，地域の子育て情報などさまざまな内容を文章や写真で発信する。近年は，紙面だけでなく，電子メール，ホームページも活用する園が増えてきている。文字だけでなく，写真やイラストの活用，レイアウトや，保護者が必要としている情報を発信するなど，伝わりやすい工夫が求められる。

2）ドキュメンテーション

　ドキュメンテーションとは，子どもたちの姿を写真などにおさめ，育ちについてコメントをつけてまとめた記録である。保育者が保育を振り返り改善につなげたり，保護者に様子を発信したりするための記録である（第8章，p.76参照）。ある園では，2か月に1〜2回，ファイルにまとめて保護者に回覧している。また，クラスだよりでは，文章で子どもの様子を伝えるだけでなく，写真を活用してコメントを加えて発信すると，保護者により実際の子どもの姿や保育の意図を伝えやすい。

3）ポートフォリオ

　ポートフォリオとは，育ちの過程をまとめたものである。子どもたちの毎日の成長は目覚ましく，経過は記憶に残りにくい。一歩ずつ育っているのに，成長への期待が高まりすぎてしまう場合もある。ある園では，春夏秋冬の4回，経過を記録したものを記録シートにまとめている。コメントや子どもの絵などを加えて，園と家庭，子どもがと一緒に育ちを実感し，長期的な視点で子どもの育ちを喜び合うことにつながっているという。さらに，この保護者向けのコメントに保育の視点を加えて記述し，指導要録にまとめることで，子どもの育ちと保育を振り返ることや保育の言語化にも役立てることができる。

２．地域との連携

　子どもたちは家庭から園へと生活の場を広げ，経験を重ねる中で，次第に興味・関心は，地域社会へと向かっていく。地域には，その土地ならではの文化や慣習がある。さまざまな大人がおり，直接的，具体的な体験をする場があり，好奇心や探究心をもって関わることができる。お祭りや，地域で採れる野菜，災害時の避難の方法や避難場所，土地の文化や特性など，自分の住んでいる土地柄に興味をもって知り，親しむことは，生きる力につながるのである。園は地域との交流について計画を立てる際に，恒例，慣習的，渉外的にならないよう，毎年検討する必要がある。教育的な意味やねらいが曖昧で漠然としているものは見直す必要がある。単に大人同士の価値観で交流に満足するのではなく，子どもたちにとって育ちが得られるかどうかで判断し，地域資源を活用することが大切である。以下では，事例を交えながら述べていく。

（1）地域の文化や施設の活用

　遊びに必要な三間（さんま）が減ってきたと言われて久しい。三間とは，時間，仲間，空間（場所）のことである。子どもが生活する身近な地域（空間）も，子どもの成長にとっては重要な役割を担っている。以前は，公園や空き地，公共施設，田んぼなどに，近所の子どもたちが集まってきては，年齢を超えた仲間同士で関わっていた。勝敗のある遊びで負けて悔しい思いをしたり，思い通りにならない経験を年上の仲間に支えられて達成したりして，泣いたり笑ったりしたものである。最近は，熱中症や不審者，アレルギーの心配に加えて感染症の予防対策として，地域のお祭りや行事，活動も縮小・中止の傾向にあり，ますます地域に子どもを見なくなった。大人同士もまた，地域のことについて話し合いや活動をする機会がなくなっている。地域の人と会うチャンスの中で，日常生活のヒントや子育て相談にのってもらうことなども難しくなっている。このような状況だからこそ，園内では体験できないことを地域との連携において工夫し，子育て文化を保障していきたい。

1）公園や公共施設を利用してみよう

　園外保育で，園から保育者や友だちとともに園周辺を歩くことは，子どもたちにとって，新鮮で世界が広がる活動である。あぜ道の草花や畑の野菜の育ち，住宅街や店舗などの街並みを眺めたり，工事などで働く人たちや地域に住んでいる人々とすれ違って挨拶をしたりして，園にいるだけではとらえられない地域を実感できる。公園では，近所に住んでいる未就園の親子や散歩中の犬などに出会うこともあるだろう。例えば，図書館に出かけて司書の方に絵本を紹介してもらえれば，絵本への興味が高まり，図書館の利用を始めるきっかけにもなるだろう。遠足には，電車を利用することで，公共の場を大切に利用することやマナーを身に付けたり，友だちと遠出する楽しみを共有することができる。公共機関その他，地域には公民館や消防署，郵便局などの施設があるだろう。園から徒歩で行ける場や行き方，活用できる場を調べ，検討し，計画的に保育に取り込み活用することが大切である。

2）地域の文化に親しもう

　地域の特産物や観光地も保育に是非生かしたい。

事例9-1 「お皿もカレーも作ったよ」

―地域の陶芸教室で5歳児がお皿作りを経験―

　瓦の産地にある園では，5歳児が近所の美術館を訪れて親子で土に触れ，手作りのお皿を作っている。お皿作りは，指導者から，粘土の伸ばし方やふちの形，模様などの手ほどきを受け，親子で相談しながらデザインし形作っていくので，地域ならではのよさと楽しさがある。

　一人一人，味わいのあるお皿のお披露目はカレーパーティーで行う。お皿のふちの広がり方や手の跡のような風合い，色合いもさまざまである。地域の文化に自分の個性が重なった傑作である。

　秋には，5歳児はパパ・ママ先生とにんじんやたまねぎを包丁で切り，全園児のカレーを手作りしている。真剣に一生懸命作ったカレーを，3歳児や4歳児に振る舞い，5歳児は自分で作ったお皿でカレーを食べている。両手でしっかり握りしめたオリジナルのお皿には，熱々の大盛りカレーがあり，子どもたちはなんともいえない満足そうな自信たっぷりの表情で，自慢げに頬張っている。

（2）地域の人々との交流

　さまざまな人との出会いは，子どもたちにとって人間関係の広がりになる。また地域の方に，子どもたちを見知ってもらうことは，お互いに存在を意識することになり，価値観の多様性を考えることにつながるだろう。

1）地域の方の得意な技から学ぼう

事例9-2 「Aさんは天才！」―地域の方が園で行うボランティア活動にふれて―

　園のご近所に住むAさんとは，台風の際に，園の水路の詰まりを取り除いてもらったことをきっかけにやりとりが始まった。Aさんは，ペンキ塗りや身の回りの修繕が得意な方である。5歳児がたらいでビオトープ作りに挑戦していると，排水部分や柵を手作りしてくださることになった。のこぎりを器用に力強く動かし，刷毛を慎重に丁寧に扱うAさんの姿を見て，子どもたちは「Aさんは天才！」と言いながら尊敬している。この他，地域に住むBさんはわらべ歌遊びの先生，Cさんは読み聞かせの先生として，定期的に来園されている。

　このように，地域の方に得意な技術を間近に見せてもらう経験を通して，道具の扱い方や物の活用の仕方，遊びや生活を楽しむ方法だけでなく，穏やかに作業しながらも子どもたちとの会話を楽しみ，ボランティアをしてくださっている人柄に触れることができている。

事例９-３　「ご飯みたいなものがついているよ」
―地域の方にほうき作りを教わって―

　「わらしべ長者」の絵本は５歳児クラスみんなのお気に入りである。そこで発表会で取り上げることになったが，どの子も“わら”がどのようなものかを見たことがない。そこで，地域の方に連絡をすると，快く“わら”を園に届けてくださった。事情を知った地域の方の提案で，その“わら”を束ねて，小さな“わらのほうき”を手作りすることになった。就学後，勉強机の消しゴムのかすなどを集めて掃除するのにちょうどよい大きさである。

　地域の方は，大きなビニールシートを保育室に広げ，“わら”を山のように積み上げた。

　“わら”に残っていた米粒を発見した５歳児は「先生，ごはんみたいなものがついているよ」と目を輝かせた。地域の方に「それが，お米だよ」と笑って教えてもらい，周りの子どもたちは，興味津々に“わら”の山を取り囲んだ。地域の方に「昔は“わら”を洋服や帽子，靴にしたり，畑の肥料にしたり，家の屋根にまでしていたんだよ」と話を聞き，子どもたちは目を丸くして聞き入った。握るくらいの“わら”の長さを整えて，自分なりにモールで巻いてとめると，一人一人味わいのある“わらのほうき”ができあがった。

　このようなご縁も，地域とつながりがあってこそ見つかる。地域の方には子どもたちの存在を知ってもらうよい機会にもなるだろう。園は地域の情報を積極的に取り込み，子どもたちの経験の豊かさにつなげていきたい。

２）地域と合同で避難訓練をしてみよう

事例９-４　「６年生と一緒に行くよ」
―園児と６年生が手をつないで避難場所まで歩いて―

　災害対策は，各地域の状況に応じた避難の方法や準備が必要である。この園では，年１回，地震と津波を想定した合同避難訓練を地域の皆さん，隣接の小学校，保護者とともに行っている。園児は６年生に手をつないでもらって，高台の避難場所に避難する。地域の方は，道路の要所に立ち，子どもたちに注意喚起と励ましをしてくださる。保護者には，基本的な避難経路や避難方法を知ってもらい，一緒に避難のサポートをお願いしている。

　このように，地域に応じた避難方法を地域・保護者と共有しておくことは，突然の災害時での連携に重要である。

３）地域の子どもたちと交流しよう

　子どもたちは，地域にいるさまざまな子どもたちと触れ合って遊ぶことが減っているため，在籍する園の枠を越えて，地域の子どもたちと交流し，子どもたちの関係性を広げていきたい。感染症対策として触れ合うことが難しい時期には，例えば，地域の他の園に，挨拶，歌，メッセージを動画におさめて，動画レターとして送り合うこともできる。また小学校には，５歳児が１年

生向けに，「小学校で楽しいことはなんですか？」など質問を送ることで，相手からの回答や反応を受け取り，子どもたち同士のやりとりの楽しさを感じられる。このように，人間関係を狭めず交流が途絶えないよう，距離は離れていても心はつながる企画，交流方法を模索したい。

①　同じ学区内の園と交流しよう

　年度の初めに，各園の担当者が集まり交流事業について話し合い，年間計画を作成するとよい。お互いの園を行き来して，園児同士が一緒に遊んだり，運動会や発表会などの行事の前後にはお互いの取り組みを見せ合ったり，一緒にかけっこで競争してみるなど，一緒に取り組み，自信や励み，達成感や満足感にもつなげられる。年間を通して繰り返し会うことで，お互いに"知っている間柄"になり，同じ小学校に通うという"仲間意識"も芽生えてくる。就学という大きなステージに切り替わる際に，心強い仲間になるのである。

②　就学先の小学校と交流しよう

　5歳児にとって，就学は大きな節目であり，憧れや期待とともに，不安や戸惑いの感情も起こりやすい。保育者や保護者からも「もうすぐ1年生だよね」と喜びや後押しの言葉をかけられ，子どもにとっては負担にもなることもある。そこで，実際に小学校に行き，校庭や体育館，教室，授業風景を見たり，小学生に交じって活動をともに楽しんだりすること，トイレを使ってみることなどは，不安解消にとても効果がある。小学校からは，夏の水遊びや，秋のお祭りなど，子どもたちの企画や行事へのお客さんとして5歳児が招待されることもある。小学生のやりがいにつなげている学校もある。5歳児は1年生の取り組み方に先輩としての力を感じ，自分たちの将来像をイメージして期待が膨らむことだろう。

　子どもたちは，多様な環境で自発的に多様な遊びや活動を通して学んでいる。家庭，地域の中で，さまざまな大人に温かく見守られ育っていることを感じることで，安心して自らの力で仲間と体験の幅を広げ，育ち合っていく。体験の幅が増えると価値観の幅も増え，子どもの生きる力となる。

　園，家庭，地域の実態に即した連携を考えて，工夫していくことが重要である。

演習問題

　1．家庭や地域と連携するために，具体的な案を考え合ってみよう。
　2．1．で考えた具体案で子どもたちが育つものとは何か考え合ってみよう。

参考文献

・小林正幸監修・早川惠子編者：保護者とつながる　教師のコミュニケーション術，東洋館出版社，2015
・宍戸良子・三好伸子：子どもの育ちをとらえるラーニング・ストーリー　いつでも，どこでも，だれでもできる観察・記録・評価，北大路書房，2018
・大豆生田啓友・おおえだけいこ：日本版保育ドキュメンテーションのすすめ「子どもはかわいいだけじゃない！」をシェアする写真付き記録　教育技術　新乳児と保育MOOK，小学館，2020

第10章 幼小連携・接続を踏まえた保育

《学びのポイント》
1. 乳幼児期から小学校就学に向けた取り組みについて理解する。
2. 小学校教育との接続で意識することを理解する。

1. 幼児教育施設での取り組み─年長組の実践─

　1990年代半ば，小学校1年生の教室において集団行動がとれない，授業中に座っていられない，先生の話を聞かないなど，学級での授業が成り立ちにくい状況が数か月にわたって継続する「小1プロブレム」が問題視されるようになった[1]。そのため，2000年頃より幼稚園，保育所および認定こども園と小学校との連携の重要性が提唱されるようになり，さらに現在では，子どもの学びの連続性を確保することが求められるようになってきた。スムーズな移行ができるよう幼稚園，保育所および認定こども園と小学校の双方のカリキュラムを見直す取り組みとして，「スタートカリキュラム」と「アプローチカリキュラム」の導入に続いて，「幼保小の架け橋プログラム」の実施に向けてモデル地域での実践や手引きの策定などの取り組みがなされている。

（1）アプローチカリキュラム

　アプローチカリキュラムとは，「就学前の幼児が円滑に小学校の生活や学習へ適応できるようにするとともに，幼児期の学びが小学校の生活や学習で生かされてつながるように工夫された5歳児のカリキュラム」[2]である。このカリキュラムは，幼児期の学びをどのように育み，学びにつなげていくのかを見通したものや，年長児を対象に小学校入学前に就学への期待がもてるような取り組みを中心に計画することである。

　また，年長組の年間指導計画の中では小学校就学に向けて「ねらい」を明記することが多い。その「ねらい」は月間指導計画や週の指導計画，日案に反映され，日々の保育の中で就学への意欲や期待につながるような活動が行われるが，環境の変化や新しい施設への移行に対し不安を抱く子どもも多い。そのため，小学校の施設に関心がもてるよう絵本や写真，友だちの話などを共有するなど，保育者が意識して工夫をすることで不安の軽減につなげられるようにしていくことも重要である。

　愛知県幼児教育研究協議会では「アプローチカリキュラム編成の手引き」を2016年に公開している（図10-1）。ここでは，幼児期から児童期にかけて「生活上の自立」「精神的な自立」「学びの自立」の3つの基礎を養うことを幼小で共通理解し，それらを児童期に育てたい「生きる

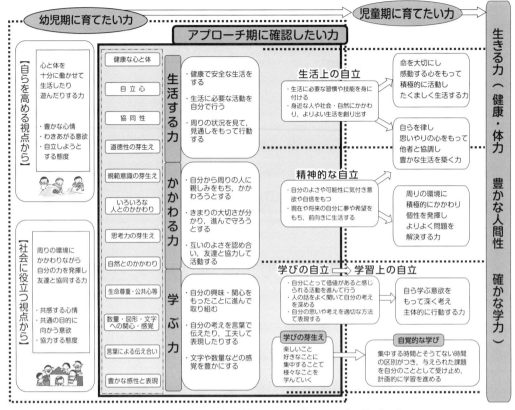

図10-1 幼児期から児童期にかけて育てたい力（概念図）
（愛知県幼児教育研究協議会：アプローチカリキュラム編成の手引き 理論編，pp. 13-14, 2016
https://www.pref.aichi.jp/uploaded/attachment/209279.pdf ［2022.10.12アクセス］）

力」の「健康・体力」「豊かな人間性」「確かな学力」につなげていくことの重要性が述べられている。

　このように幼児期から児童期へ円滑に接続することで，子どもの発達や学びの連続性を保障することが大切である。

（2）幼保小の架け橋プログラム

　「幼保小の架け橋プログラム」は，子どもに関わる大人が立場を超えて連携をし，架け橋期（義務教育開始前後の5歳児から小学校1年生の2年間）にふさわしい主体的・対話的で深い学びの実現を図り，一人一人の多様性に配慮した上ですべての子どもに学びや生活の基盤を育むことを目的としている[3]。また，幼児期の終わりまでに育ってほしい姿を手がかりに家庭や地域も一緒に取り組むことが求められている。

　この幼保小の架け橋プログラムの実施に向けて「幼保小の架け橋プログラムの実施に向けての手引き（初版）」と「幼保小の架け橋プログラムの実施に向けての手引きの参考資料（初版）」が2022（令和4）年に策定された。今後の実施に向けて大きな期待がかけられている。

（3）年長組の実践の紹介

　幼児期の経験を通して小学校の学びにつながる事例を紹介する。

　事例10-1は，子どもたちが「お祭り」を経験し，その後遊びの中で「お店屋さんごっこ」を展開する事例である。「お店屋さん」で使われる看板や値札には数字や文字が記載され，なおかつお客さんとコミュニケーションをとりながら要望に応じた品物を渡し，お金をやりとりしている。これは，「幼児期の終わりまでに育ってほしい姿」の「協同性」「社会生活との関わり」「数量や図形，標識や文字などへの関心・感覚」「言葉による伝え合い」などが含まれている活動である。このように，遊びの中で文字や数字に触れ，コミュニケーションなどを日常的に取り入れることで，小学校教育での学びにつなげることができる。

事例10-1　「お店屋さん，これいくら？」〈5歳児　6月〉

　6月に地域のお祭りがあり，子どもたちはお祭りの話でもちきりだった。園でも，お祭りのお店屋さんを真似たごっこ遊びが人気になり，「りんご飴屋さん」「輪投げ屋さん」などいくつものお店ができていた。それぞれのお店には品物が並び，「10えん」「20えん」と値段が書かれた値札がついていた。

　お店屋さんで買い物をしたい子どもは，丸や四角の紙に「10えん」「50えん」「100えん」と書き，お金を作っていた。中には，お店屋さんをするよりもお金作りが楽しくなり，お財布代わりにしていた空き箱がお金で膨らむぐらいお金を増産していた子どももいた。

　A児が「りんご飴屋さん」の所に行った。

　「これください」「いくらですか？」とりんご飴を手に取る。すかさず「りんご飴屋さん」のB児が「10えんでーす」と言いながら，りんご飴を渡した。りんご飴をもらったA児は，10えんと書かれた紙を渡した。他の品物にも目が移り「これもください」と言う。B児は「これも10えんでーす」と言う。

　A児は2個のりんご飴を手に持ち，とても満足そう。

　その様子を見ていたC児も「りんご飴屋さん」に行き，「私もください」と言う。またB児が「はいどうぞ！10えんです」と言いながらりんご飴を渡し，C児も10えんと書かれた紙を渡した。もらったC児も笑顔で受け取り，大事そうに「りんご飴」をカバンにしまっていた。

　次の事例10-2は，子どもたちが自分で生活を組み立て，過ごす様子である。残りわずかな園生活でやりたいことを出し，1週間の予定に振り分け，なおかつその日の予定も立てクラスの友だちと過ごしていた。時計の認識をしている子ども，そうでない子どももいるが，友だち同士の声かけで気付き行動に移す姿も見られた。

　今までは，保育者が主体となり一日の生活を進めていたが，子どもたちにその日の生活の進め方を決めてもらうことで，子どもが主体的に動く姿につながる。小学校に行くようになれば，登下校，休み時間の過ごし方など自分で生活を進めていかなければならない場面も出てくる。自分

> **事例10-2　「今日は，何して遊ぼうか」〈5歳児　3月〉**
>
> 　3月に入り，子どもたちに保育所での思い出をたくさんつくってもらいたいと考え，やりたい遊びを黒板に書き出し，1週間の予定を子どもたちと決めていった。
>
> 　ドッジボール（クラス対抗），ドッジボール（先生と一緒に），異年齢児クラスのお手伝い，バトンリレーなどやりたい遊びがどんどん出てきた。その中から，今日のやりたいことを決め，時間配分も子どもたちと決めていった。
>
> 　「今日は，ドッジボールの日だね」「何時からやる？」「いつもの外に行く時間でいいんじゃない？」「じゃあ，10時だね」と意見が出た。そこで，「10時に外に出るんだったら，片付けは何時にする？」と問いかけた。子どもたちは少し考え「10分前でいいんじゃない？」と提案があったので，保育者が「じゃあ，9時50分に片付けだね」と確認をした。午後の予定もあったため，11時30分には給食準備をしたいと思い，子どもたちに「11時30分には給食の用意をしたいのだけど，何時に部屋に戻る？」と問いかけたところ，少し考えていた。その中でB児が「11時に片付けたら？」と提案し，午前の予定が決まった。
>
> 　その後，子どもたちは好きな遊びをし，自分たちで時計を見ながら「9時50分だから片付け～」と互いに声をかけ合い，片付け，排泄を済ませ，外に行く準備をしていった。
>
> | | すきなあそび |
> |---|---|
> | 9：50 | かたづけ |
> | 10：00 | ドッジボール |
> | 11：00 | かたづけ |
> | | てあらい |
> | 11：30 | きゅうしょくじゅんび |
>
>

一人では不安な子どもも，友だちの様子を見たり友だちが教えてくれたりすることで，自分で生活を進めていく経験ができるようになる。

　年長児の3月は，小学校就学前となり期待と不安が大きい時期である。そのため，保育者は小学校への期待が膨らむよう配慮し，不安を和らげられるよう小学校を知る機会や保育施設との違いを知らせていくなど工夫が必要となる。また，小学校教員との連携では資料を提供し情報交換をするなど，子どもたちにとって円滑な接続を図っていくことが重要である。

2．小学校における取り組み
—1年生入学時の実践—

　幼児期の教育と小学校教育が円滑に接続し，体系的な教育が組織的に行われることは極めて重要であるといわれてから久しく，さまざまな活動や研究が注目されている。しかしながら，幼小接続の重要性を認識しているものの，その取り組みは十分とはいいがたい状況がある。実際に小学校では，入学したての1年生を何もできない幼い子どもとして扱い，ゼロからのスタートとみ

なしていることがある。また，保育者側からは，そのような学校の対応に「子どもたちはもっといろんなことができるようになって卒園したはずなのに」というような声も聞かれる。同じ子どもを見ているはずなのに，子どもたちのとらえ方は小学校入学前後で大きく異なっていることがある。

　子どもの発達や学びは連続しているという認識を幼児教育・小学校教育の双方が同じようにもつことが必要である。ここでは，小学校における新1年生の学びや育ちが，就学前と円滑に接続するための小学校での取り組みについて取り上げる。

（1）スタートカリキュラム

1）スタートカリキュラムとは

　国立教育政策研究所は，スタートカリキュラムとは「小学校へ入学した子供が，幼稚園・保育所・認定こども園などの遊びや生活を通した学びと育ちを基礎として，主体的に自己を発揮し，新しい学校生活を創り出していくためのカリキュラム」[4]と示している。

　幼児期の教育は，子どもが自分から進んで動き出したくなるような環境を通して行う教育（保育）であり，遊びや生活を通して総合的に学んでいく教育課程等に基づいて実施される。「今日は何をして遊ぼうか」「誰と遊ぼうか」のように，自分たちで決めて学んでいる。対して，小学校の教育は，教科書を使った学びが行われ，各教科等の学習内容を系統的に配列した教育課程に基づいて実施される。一日の時間割が決まっており，子どもたちは設定されたカリキュラムを通して学ぶのである。このことが幼児期と児童期の教育の大きな違いであり，戸惑いを感じるところでもあるといえる。そこで，子どもたちが新しい学校生活に円滑に移行していくためのスタートカリキュラムが必要となる。

2）スタートカリキュラムの作成

　前項でも取り上げたように，遊びや生活を通して総合的に学んでいく幼児期の教育課程と，各教科等の学習内容を系統的に学ぶなどの小学校の教育課程は，目標や内容，進め方が大きく異なる。そこで，小学校入学当初は，幼稚園や保育所等での生活に近い活動を行ったり，知っている歌や遊びなどを取り入れたりしながら，幼児期の豊かな学びと育ちを生かし，児童が主体的に自己を発揮できるようにする場面を意図的につくることが求められる。

　スタートカリキュラムは，入学してからおよそ1か月間，幼児期の学びと小学校生活の中心となる教科学習の要素の両方を組み合わせた合科的・関連的な学習プログラムであることが多い。生活科は教科の特性上，国語・音楽・図工など他教科との関連が深く，スタートカリキュラムの中心的役割を担う（図10-2）。スタートカリキュラムを新入生の様

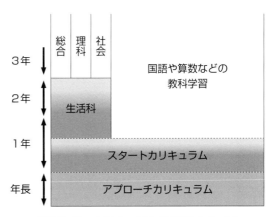

図10-2　カリキュラムの接続イメージ

（原典：布谷光俊：「幼・小の接続，発展と生活科」，信州大学教育学部紀要，第76号，1992.
木村吉彦監修，茅野市教育委員会編：育ちと学びをつなぐ「幼保小連携教育」の挑戦　実践接続期カリキュラム，ぎょうせい，2016をもとに作成）

子や学校の特色を考えながら作成することで，新しい生活への不安を和らげ，小学校生活への意欲を高めていくことができる。

3）スタートカリキュラムの実際

① 第1週目：はじめまして　がっこう

第1週目のスタートカリキュラム

	時　間	6日(月)	7日(火)	8日(水)	9日(木)	10日(金)
朝	8：30〜 8：50	入学式	読み聞かせ 健康観察	読み聞かせ 健康観察	歌・手遊び 健康観察	歌・手遊び 健康観察
1	8：50〜 9：35		始業式 学級写真	生活 友だちと遊ぼう ジャンケン列車	音楽 歌でなかよしになろう	生活 ぐるぐるジャンケン 休み時間の遊び方
2	9：45〜 10：30		学活 登下校の仕方 靴箱の使い方	生活 校内巡り 廊下歩行の仕方	生活 運動場探検をして見付けたものを伝え合おう	書写 学校の文字探し
3	10：50〜 11：35		通学班会	学活 挨拶・返事の仕方	学活 教科書の使い方	国語 絵を見て話そう①

【第1週目のカリキュラムのポイント】

○見通しをもった活動ができるように，パターン化した時間割を作成する。

・朝の時間は，幼稚園や保育所等と同じような活動（読み聞かせ・歌・手遊び）を小学校でも取り入れることで，活動の見通しをもたせ，落ち着いて一日をスタートできるようにする。

・1時間目は，友だちと一緒に活動する時間として設定。ジャンケン列車やぐるぐるジャンケンのように遊びの要素を取り入れたり，一緒に歌を歌ったりするなどの活動を設定して友だちの輪を広げるきっかけになるようにする。

・2時間目は，校舎内や運動場などの学校の施設を巡る生活科の学校探検につながるような活動を設定。見つけたものを伝え合ったり，学校の決まりを知ったりすることで，学校生活を安心して送ることができるようにする。

・3時間目は，教科学習につながる内容を設定。1・2時間目が体を動かす活動に対して，3時間目は椅子に座って学習する小学校のスタイルに少しずつ慣れていく時間にする。3時間授業で下校するので，授業の後半は下校の準備の時間となる。実質20分程度の学習になる。

○各教科に用意された「幼小接続」を意識する。

・音楽の教科書には，子どもたちが幼稚園や保育所等で歌ったことがある歌のイラストが描かれている。知っている歌を見つけながら，友だちと一緒に歌って楽しめるようになっている。

・書写では，いきなり文字を書く練習をするのではなく，学校中に使われている文字を探す探検に出かけるところから始まる。生活科の学校探検と関連付けて行うこともできる。

・国語の教科書は文字のない絵だけのページから始まる。文字が読める子どももそうでない子どもも一緒になって学習をスタートできる。絵を隅々まで見ていくことで，想像を膨らませ，ストーリーを話し合いながら楽しむことができるようになっている。

② 第2週目：がっこう　だいすき

第2週目のスタートカリキュラム

	時　間	13日(月)	14日(火)	15日(水)	16日(木)	17日(金)
朝	8：30〜8：50	歌・手遊び健康観察	読み聞かせ健康観察	読み聞かせ健康観察朝の会	歌・手遊び健康観察朝の会	歌・手遊び健康観察朝の会
1	8：50〜9：35	国語図書室に行って読み聞かせを聞く	身体測定視力検査	図工好きなものの絵を描く	聴力検査	音楽音に合わせて体を動かそう書写鉛筆の持ち方
2	9：45〜10：30	体育体育館探検	図工砂遊びを楽しむ	体育鬼遊び	生活保健室探検	体育遊具で遊ぶ
3	10：50〜11：35	避難訓練	書写学校の文字探し②国語絵を見て話そう②	算数数の学習音楽歌でなかよしになろう②	音楽歌でなかよしになろう③国語絵を見て話そう③	算数どちらが多い国語自分の名前を書く
4	11：45〜12：00	下校	学活給食の準備や片付けの仕方	学活整理整頓の仕方	道徳一日の挨拶	生活学校にいるさまざまな人に会う
			給食	給食	給食	給食

【第2週目のカリキュラムのポイント】

○14日から給食が始まる。給食の準備や片付けに慣れるまでは時間がかかるので，4時間目の
　授業を15分とする。

○園での日直活動を引き継ぎ，簡単な朝の会を始める。

○1週目と同じようなパターンを引き継ぎつつ，少しずつ教科学習へ移行する。

　・2時間目は活動的な時間を設定。

　・3時間目は，少しずつ教科学習を入れていく。ただし，1コマ45分の授業はまだ難しいの
　　で，間にトイレ休憩をとったり，気分転換ができたりするように，1コマの中に2種類の授
　　業を入れる。

（2）生活科とのつながり

　小学校学習指導要領（平成29年告示）解説生活編（文部科学省，2017）では，教科目標として
「具体的な活動や体験を通して，身近な生活に関わる見方・考え方を生かし，自立し生活を豊か
にしていくための資質・能力を次のとおり育成する」（下線筆者）と示されている。生活科は教科
書で学ぶ他教科とは異なり，活動や体験が前提である。児童が体全体で身近な環境に直接働きか
けるような創造的な行為をすることを重視している。

　見方・考え方とは，各教科等における学びの過程で「どのような視点で物事をとらえ，どのよ
うな考え方で思考していくのか」ということであり，各教科等を学ぶ本質的な意義でもある。生
活科以外の教科では，「見方・考え方を働かせ」と表現されている。生活科のみ「生かし」とし
ているのは，生活科の学習過程において子どもたちが幼児教育の中で獲得してきた見方・考え方

| 具体的な活動や体験を通して，身近な生活に関わる見方・考え方を生かし， | → | 自立し生活を豊かにしていく |

〔育成を目指す資質・能力〕
（1）活動や体験の過程において，自分自身，身近な人々，社会及び自然の特徴やよさ，それらの関わり等に気付くとともに，生活上必要な習慣や技能を身に付けるようにする。（知識及び技能の基礎）
（2）身近な人々，社会及び自然を自分との関わりで捉え，自分自身や自分の生活について考え，表現することができるようにする。（思考力，判断力，表現力等の基礎）
（3）身近な人々，社会及び自然に自ら働きかけ，意欲や自信をもって学んだり生活を豊かにしたりしようとする態度を養う。（学びに向かう力，人間性等）

図10-3　生活科の教科目標の構成
（文部科学省：小学校学習指導要領（平成29年告示）解説　生活編，p.9，2017）

を発揮するということであり，幼児期における未分化な学習との接続という観点からである。さらに，図10-3の（1）と（2）に示した資質・能力の末尾に「の基礎」とある。これは，育成を目指す3つの資質・能力を幼児期の学びの特性と明確に区別して分けることができないことを示している。このことは，生活科が幼児教育との接続を円滑にしていくという役割を表しているのである。

　1年生の生活科で，アサガオの栽培活動をすることが多い。教師がアサガオの種を配り「これがアサガオの種です。アサガオは夏に花が咲く植物です」のように，教え込むことはしない。2年生の児童が，入学のお祝いとしてアサガオの種のプレゼントをくれる。アサガオの種と出会った1年生の子どもたちは育ててみたいという思いや願いをもつ。子どもたちは，思いや願いの実現に向けて試行錯誤をしながら対象と関わっていく。これは，環境を通して学んでいく幼児教育の考え方に近い。教師は，子どもたちの活動の様子や観察カードの記述などから，単元やその時間の目標に照らし合わせてどのレベルに達しているか評価していく。しかし，子どもたちは個々の活動の中で自らが興味・関心をもったものやことについて追究していく。自分で作り上げた活動内でどのように成長することができたかを見取り，評価をしていく。幼児教育の個人内評価に通じる部分がある。このように，生活科は幼児教育に近い性質をもつ教科であり，幼児教育と小学校教育をつなぐ役割を果たしている。

演習課題

1．就学に向けて幼児期に必要な経験を，「幼児期の終わりまでに育ってほしい姿」を参考にして考えてみよう。
2．小学校1年生の1学期の様子を参観して，幼児期との違いや共通点を話し合ってみよう。

引用文献
1）中坪史典・山下文一・松井剛太他編：保育・幼児教育・子ども家庭福祉辞典，ミネルヴァ書房，p.353，2021
2）国立教育政策研究所：幼少接続期カリキュラム全国自治体調査
　https://www.nier.go.jp/youji_kyouiku_kenkyuu_center/youshou_curr.html ［2023.1.11アクセス］
3）文部科学省：幼保小の架け橋プログラム
　https://www.mext.go.jp/a_menu/shotou/youchien/1258019_00002.htm ［2023.1.11アクセス］
4）国立教育政策研究所教育課程研究センター：スタートカリキュラム　スタートブック，文部科学省，p.2，2015

第11章 保育の多様な展開

《学びのポイント》
1. 持続可能な開発目標（SDGs）と保育，とくに食育との関連を具体例を交えながら理解する。
2. 外国人幼児を保育する際には，母国の文化や家庭での使用言語，日本語の習得状況などに配慮し，安心して園生活を過ごすことができるよう，一人一人に合った丁寧な関わりが必要であることを理解する。
3. 海外の保育内容に興味をもち，文化的社会的な背景を理解しつつ，質の高い保育実践をするための学ぶべき内容について理解する。

1. 持続可能な開発目標（SDGs）を取り入れた保育内容—食育—

（1）食育とSDGs

1）食　　育

　幼稚園や保育所等では，給食や野菜作りなどさまざまな食育活動の取り組みが行われている。2004（平成16）年に，「食を営む力」を育てるために，「楽しく食べる子どもに〜保育所における食育に関する指針〜」が厚生労働省から通知された。その中の目指す子ども像には，園で食育を行う際に大切にするポイントが含まれている。以下の5つの目標について事例をあげて説明する。

① 「お腹がすくリズムのもてる子ども」として，園で朝から眠そうな顔で登園している子どもや朝食を抜いて登園してくる子どもがいることから，家庭と連携して，生活のリズムを見直す必要がある。園で身体を動かし，子どもが自ら食べたいと感じることが大切である。
② 「食べたいもの，好きなものが増える子ども」として，園の給食を通して，家庭では食べたことがないメニューを食べる機会がある。また給食を通して野菜の旬を知り，色々な食材に触れることで食べる楽しみが増えていく。
③ 「一緒に食べたい人がいる子ども」として，家庭で忙しく保護者とゆっくり食べる時間がない子どももいる。園の給食で友だちや保育者と楽しい雰囲気で食べることは，大切である。保育者や親がおいしそうに食べることも子どもの食が進むことの重要な要素である。
④ 「食事づくり，準備にかかわる子ども」について，園で給食の準備として箸やコップを机に用

意することも食に興味をもつ一歩である。園で行うクッキングでは，未満児も野菜を洗ったり，包丁を使わなくても手でしいたけを小さくしたり食事の準備に関わることができる。

⑤　「食べものを話題にする子ども」について，園の給食で色々な食材に触れることで食べ物に興味をもち，保育者に質問をすることも増える時期である。その際に子どもの食について話したい気持ちを十分に受け止めることが大切である。

　これに続いて，2005（平成17）年に食育基本法が制定され，その前文に「様々な経験を通じて『食』に関する知識と『食』を選択する力を習得し，健全な食生活を実践することができる人間を育てる」ことと示されている。保育者だけでなく，保護者や栄養士とも協力して食育を行っていく姿が求められる。

　また，2017（平成29）年の保育所保育指針の改定において，「食育計画を全体的な計画に基づいて作成し，その評価及び改善に努めること」とされた。「食の循環・環境への意識」が入り，残さず食べる大切さや食べ物を無駄にしないことを子どもたちと体験を通して学んでいく大切さが示されている。

　このように食の大切さを示しているものの，日本ではまだ食べられるのに食べ物を捨てる「食品ロス」が年間522万トン（2020年度推計値）もある。ごはん茶碗1杯分の食べ物が毎日無駄に捨てられている。世界でも年間13億トンもの食べ物が捨てられている[1]。

　このような状況を踏まえ，食の問題は，日本だけでなく世界全体の大きな問題となっている。多くの食べ物を捨て，燃やすことは環境問題にもつながっており，これは世界全体で取り組まなければならない課題である。

　幼児期から食べ物を大切にし，作ってくれる人，育ててくれた人に感謝をする気持ちを育てていくことは，食育の観点からも重要なことと考える。

2）SDGsが目指すもの

　日本や世界の子どもたちの未来には，今後どのような状況が待っているだろうか。日本の人口は，約1億2,477万人（2022年）[2]であるが，2050年には1億192万人まで減少し，その中の37.7％が高齢者になると予測される[3]。2000（平成12）年には高齢者1人当たり生産年齢人口4人で支えていたのが，2050年には高齢者1人当たり1.5人で支えることとなり人口構成が大きく変わる[4]。また，毎年のように大型の台風が起こるなど，自然災害の面からも，日本の子どもたちを待ち受ける未来は厳しいといえる。一方，世界に目を向けると，地球温暖化による気候変動，貧困，紛争，感染症など人類は多くの課題に直面している。このような世界の厳しい状況を踏まえ，2015年に国際連合（国連）において「持続可能な開発目標（SDGs：Sustainable Development Goals）」が加盟国の全会一致として採択された。これは，私たちの地球を未来に持続させるために，2030年までを目標として，持続可能でよりよい世界を目指す目標であり[5]「持続可能な開発のための2030アジェンダ」の中で掲げられた。ミレニアム開発目標（MDGs）（2001〜2015年）として，8つのゴール21のターゲットがあげられ，途上国の目標であったが，SDGs（2016〜2030年）は，17のゴール169のターゲットがあげられ，すべての国の目標になった（表11-1）。

　保育者を目指す皆さんは，持続可能な世界になるためには，どのような考えが大切だと思うだろうか。今まで以上に，途上国や先進国の世界の人すべてが自然環境や水，資源を大切にして共

に協力することが必要である。SDGsの前文において「我々はこの共同の旅路に乗り出すにあたり，誰一人取り残さないことを誓う」と書かれている。貧しい国でも豊かな国でも地球はつながっており，自分の国だけでなく共通の課題として，世界全体で考えていく必要があり，一人一人が幼児期から意識をしていくことが地球の継続につながっていく。

表11-1　SDGs　17の目標

1	貧困をなくそう	10	人や国の不平等をなくそう
2	飢餓をゼロに	11	住み続けられるまちづくりを
3	すべての人に健康と福祉を	12	つくる責任つかう責任
4	質の高い教育をみんなに	13	気候変動に具体的な対策を
5	ジェンダー平等を実現しよう	14	海の豊かさを守ろう
6	安全な水とトイレを世界中に	15	陸の豊かさも守ろう
7	エネルギーをみんなにそしてクリーンに	16	平和と公正をすべての人に
8	働きがいも経済成長も	17	パートナーシップで目標を達成しよう
9	産業と技術革新の基盤をつくろう		

3）食育に関連するSDGsの目標

以下では，SDGsの目標のうち，食育に関連するものをみていこう。国連によると，世界の人口は2022年11月に80億人に達した。

1　貧困をなくそう　　世界の子どもたちの6人に1人が極度の貧困状態であるといわれている[6]。日本は豊かであると思われているが，実際は7人に1人が貧困である[7]。日本の現状を知り，子ども自身が自分たちで，何ができるのか身近なところから考えていき，世界に目を向けていく。

2　飢餓をゼロに　　世界の人口のうち，空腹な人は6.9億人おり11人に1人になる[8]。しかし日本では，1年間で522万トンの食べ物が捨てられている状況である[1]。子どもに園での給食の食べ残し，自分の食べ残しについて振り返る機会をつくり，どのように減らしていくのか一緒に考えていく。

3　すべての人に健康と福祉を　　世界では年間約530万人の5歳児以下の子どもが亡くなっている[9]。原因としては，十分な医療を受けられてないことがあげられる。捨てられているペットボトルのキャップでワクチンがつくられていることなどを話していき，身近なことから意識をもつようにする。また，食育の中で，なぜ野菜を食べるのか，苦手な食べ物でも食べると身体によいことがあることを知っていく。

4　質の高い教育をみんなに　　世界では小学校に行くことができない子どもが約5,900万人おり[10]，字を読んだり書いたりできない人は7.7億人いる。学校に行くことができないと仕事も限られてしまい，貧困にもつながっている。食育の中では「残さず食べなさい」と伝えることではなく，自分も世界の中の一つの存在であり，子ども自身がどのように食べていくことが，世界にとって大切なのか知っていく。

6　安全な水とトイレを世界中に　　日本では，蛇口をひねるときれいな水が出るが，世界では年間200万人以上の人が安全な水がないことで，不衛生な環境が理由で亡くなっている[11]。園でも水を大切に使うことを保育に取り入れ，きれいな水があることで毎日安全でおいしい給食が食べられていることを知る必要がある。

　7　エネルギーをみんなにそしてクリーンに　　日本では，当たり前のように冷房を使うことができるが，世界には電気を使えない人は7.9億人おり，世界人口の10％に当たる[12]。石油や石炭を使いすぎ地球温暖化を招いている。子どもとともに旬の食べ物を食べることで無駄なエネルギーを使わないことを考えていく必要がある。

　10　人や国の不平等をなくそう　　国籍や性別，障害などさまざまな差別がある。世界では富裕層は10％に限定され，十分に食べることができている子どもがいる一方で，食べることができない子どももいる。どのようにすれば皆に食べ物がいきわたるか考えていく。

　11　住み続けられるまちづくりを　　世界の半分の人口が都市で生活し，大量のごみや通勤の多さなどさまざまな問題がある。都市部を中心に人口があふれ，地方では過疎化で住む人が減るなどの問題がある。地域の人との関わりを幼児期から体験し，自分の地域でどのような食べ物が作られているのか知っていく。

　12　つくる責任つかう責任　　毎年世界の食べ物の3分の1が捨てられている。食べ物や物を大切に使わないことは，作るために使った電気や水などを無駄にすることにつながる。子どもと園にあるものや道具など，感謝の気持ちとともに，どのように扱っていくのか考える機会をつくっていく。

　13　気候変動に具体的な対策を　　地球の温暖化は二酸化炭素が原因になっている。工場で燃料を燃やすだけでなく，残食を燃やす際にも二酸化炭素が増えている。子どもとともに，食べ物を残さないことが地球の温暖化抑制につながることを考えていく必要がある。

　14　海の豊かさを守ろう　　日本は，世界でも多く魚を食べている国である。しかし，私たちが出すプラスチックごみなどで，海が汚染されている。海の魚が汚染されたものを食べ，それを私たちが食すことは身体にもよくないことである。園でも海を守るためにどのように行動していくのか考えていく必要がある。

　15　陸の豊かさも守ろう　　森林の伐採によって地球の温暖化が進み，そのことが環境問題になっている。森林がなくなると水や食べ物もなくなり，生き物も生活できなくなる。食べ物が育たない環境になることを知る。

　これらの目標は，個々ではなく一つずつつながっている活動として，子どもたちと考えていく必要がある。

（2）食育の内容
1）SDGsを取り入れた食育

　幼児期に園でさまざまな食材に触れたり，料理をしたり，食育は重要な経験となる。同時に食育を自分のこととしてとらえるだけではなく，世界の状況を考え広い視野で，自分とどのようにつながっているのか知り，学ぶ経験をすることは大切である。SDGsの前文には，「わたしたちは，持続可能で，強くしなやかな世界に向かう道を歩んでいくために，今すぐ大胆で変化をもたらす行動を起こすことを決意します」と示されている[13]。子どもたちは守られる存在であると同時に，自分たちの力で持続可能な社会をつくっていく中心の存在でもある。自分のことだけでなく周りの人，世界に目を向けて考え，行動を起こしていくことができるように，保育者には保育を展開していく力が求められる。表11-2に，食育の事例として，SDGsの目標に対するねら

表11-2　SDCsの目標に対する保育のねらいと活動の事例

SDGsの目標	保育のねらい	経験してほしい活動
1　貧困をなくそう 2　飢餓をゼロに	・世界で飢餓に苦しむ子どもたちがいることを知る ・食べ物には命があることを知り，命をいただいていることに感謝の気持ちをもつ ・多くの食べ物が捨てられていることを知る ・生産者に感謝の気持ちをもつ	・「いただきます」「ごちそうさま」の挨拶の意味を知る ・多くの食べ物が捨てられていることを知り何ができるのか話し合う ・世界の子どもたちや日本の子どもたちの食の状況を知り，自分たちでできる行動を考える
3　すべての人に健康と福祉を 4　質の高い教育をみんなに	・食べることで健康になっていることがわかる ・できるだけ何でも食べるようにする	・食べ物と栄養，身体の健康とのつながりを知る ・苦手なものを食べることができる経験をする
7　エネルギーをみんなにそしてクリーンに 13　気候変動に具体的な対策を	・旬の食べ物が一番栄養を含んでいることを知る ・季節に合った食べ物が無駄なエネルギーを使わないことを知る	・旬の食べ物について理解し季節の野菜や果物を知る ・旬の食べ物を食べる
14　海の豊かさを守ろう 15　陸の豊かさも守ろう	・食べ物は自然の恵みであることをわかり，食べ物に感謝して大切にしようとする ・山や海の自然を守る気持ちをもつ	・野菜作りをする ・身近なごみについて知り海や地域のごみを拾い，きれいにする
4　質の高い教育をみんなに 12　つくる責任つかう責任	・残った食べ物を有効に活用できることがわかる ・生産者に感謝の気持ちをもつ	・たい肥作りをする

いを設定し，子どもに経験してほしい活動の例をあげる。

　表11-2を見てもわかるように，「1　貧困をなくそう」「2　飢餓をゼロに」の目標は個別に達成するものではなく，関連しているものである。これらを達成するための保育のねらいである「世界で飢餓に苦しむ子どもたちがいることを知る」について，経験してほしい活動に関し，保育者が与えるだけでなく，子どもにどのように感じているのか自分たちで話し合って，アイデアを導き出すような食育を考えることが大切ある。

　2018（平成30）年4月，現行の幼稚園教育要領，保育所保育指針，幼保連携型認定こども園教育・保育要領が施行された。その中で，「育みたい資質・能力」の3つの柱から，子どもの食育の育ちについて考えたい。「知識及び技能の基礎」では，人の健康にとって野菜はどのような役割があるのか，冬でもきゅうりを食べることができるのはなぜか，旬も子どもたちと考えていく。また「思考力，判断力，表現力等の基礎」については，いつ育てることが一番よいのか，なかなか実をつけない場合は何が足りないのか考える。「学びに向かう力，人間性等」については，自分たちで野菜を育てる過程で成長に興味をもち，食べる楽しさと育ててくれた人に感謝の気持ちをもつなどがあげられる。活動をする中で，子どもが感じたことや発する言葉，話し合っていく過程が大切であり，保育者が答えを教えるのではなく，失敗しても子どもが経験したことが将来の力になる。

２）実際の園での食育実践事例

①　たい肥作りの取り組み[14]

　実際に園で行われている食育の取り組みを見ていく。ひかり幼育園（福岡県宗像市）では，給食で残った野菜の皮や切れ端を無駄にせずにたい肥にして，野菜を育てるときに使用する活動を行っている（写真11-1）。子どもたちは，給食の先生に「残った野菜をください」と伝えてクラスに持ち帰り，楽しみながら指で小さくしている。細かくしたものをダンボールコンポストの中に入れて，たい肥を作っている。その際，たい肥に「ぶんかいちゃん」と自分たちで名前を付けて「よく食べてね」と生き物のように話しかけながら野菜を入れている。この活動はSDGsの取り組み，「4　質の高い教育をみんなに」，「12　つくる責任つかう責任」にもつながっている活動である。この活動を通して，子どもたちはできるだけ食べ物を残さず食べるようになり，食べ物を無駄にしない気持ちが育っている。

写真11-1　残った食べ物でたい肥作り

①「残った野菜をください」

②「小さくちぎって楽しいな」

③「土に混ぜてたい肥にするよ」

④「スコップでよく混ぜるよ」

⑤「虫が入らないようにしよう」

⑥「大きな野菜ができたよ」

（写真提供：福岡県宗像市ひかり幼育園）

②　旬を知る年間を通した野菜作りの取り組み[15]

　久保保育園（福岡県古賀市，2023年4月より認定こども園くほこども園と変更予定）では年間を通して，1〜5歳までの子どもが，米のほか，15種類以上の野菜やいもを育てその旬について学んでいる（表11-3）。トマトは1年中食べられるが，夏に収穫する野菜と知らない子どもは多い。保育者が始めに実ができる時期を伝えず，育てていく過程で子どもが自分で気付き興味をもち，いつ実ができ，旬を知っていくのかが大切である。実際そのように取り組むと，種をまくときから興味をもち，芽が出たことを喜び，毎日楽しみに水やりをし成長を見に行く子どもの姿が見られる。苦手な野菜を残し，切ったものしか見たことがなく野菜に関心がなかった子どもが，自分で育てたピーマンやだいこんは喜んで食べている。

表11-3　久保保育園での年間を通した野菜の収穫時期

春	夏	秋	冬
・いんげん ・じゃがいも ・スナップエンドウ ・たまねぎ ・ブロッコリー	・オクラ ・きゅうり ・なす ・ピーマン ・ミニトマト	・さつまいも ・米	・かぶ ・こまつな ・だいこん ・ほうれんそう

　春の時期の発見として，ブロッコリーの葉をモンシロチョウの青虫が多く食べていた。その姿を見て子どもは「自分も食べたいけれど青虫さんも大好きなんだね」と言って話し合って虫を取らないことにした。生き物にとっても大切な食べ物になることを学んでいる。また，自分たちの口に入るまで大変な労力がいることも体験を通して感じ，簡単には野菜を残さなくなった。この食育活動を通し，子どもは旬の野菜を知るだけでなく，旬の時期の野菜がより栄養があることや夏の野菜は身体を冷やし，冬の野菜は身体を温める作用があり旬の野菜を食べることは身体にもよいことを学んでいる。この活動は，SDGsの取り組み，「7　エネルギーをみんなにそしてクリーンに」，「13　気候変動に具体的な対策を」にもつながっており，旬の時期に作物を作ることで，余計な電力や水を使わないで済むことにもなることを知る。

2．保育における多文化共生・外国人家庭への援助

（1）外国人幼児の姿と援助

1）外国人幼児の多様な背景

　近年，外国にルーツをもつ幼児（両親もしくは親のどちらかが外国出身者である幼児，以下，外国人幼児とする）が在籍する園が増加している。その背景として，国際結婚や外国人労働者の受け入れなどによるグローバル化がある。法務省の在留外国人統計によると，2021（令和3）年12月現在の在留外国人の全国総数は約276万人である。そのうち0〜5歳までは約10万6,300人であり，国別では多い順に，①中国，②ベトナム，③ブラジル，④フィリピン，⑤ネパールである。

　8都府県を対象とした「幼児期における国際理解の基盤を培う教育の在り方に関する調査研究」（2017年）の結果によると，分析対象園の506園中267園に外国人幼児が在籍している。また，在籍人数の平均は7.5人，国数の平均は2.9か国である。

　乳幼児期の子どもの育ちやニーズ，興味や関心は一人一人異なり，生活経験もさまざまである。外国人幼児においては，母国の言語や文化，価値観，来日年齢，滞在期間，就園経験の有無，宗教なども一人一人によって異なり，さらに多様化する。

2）園での外国人幼児の姿と保育者の関わり

①　入園当初の気になる姿

　入園当初の外国人幼児の姿は，「保育者からの指示がわからない」「絵本に興味をもたない」

事例11-1 安心して園生活を過ごすことができるようになるために

A児（5歳児）は，来日約1か月後に幼稚園に入園した。入園直後は，周りの友だちの姿を見ながら過ごしていたが，約1週間後，登園を渋るようになった。母国では就園経験がほとんどなく，母親と離れることの不安や日本語環境での生活へのストレスが原因のようだった。

必要に応じて母親に通訳してもらったり，翻訳ツールや絵カード（右図参照）を利用したりして，A児が思いを伝えたり，遊びや活動の様子を知ったりできるようにした。母親に会いたくて泣いているときは，思いに寄り添い，好きな遊びに誘い，気持ちが紛れるよう教師間で連携して関わった。思いを伝えたいときは，翻訳ツールが必要なことをジェスチャーで伝え，わかってもらえると笑顔が見られた。学級では友だちが遊びに誘ったり，困っていると助けてくれたり，A児の母語で挨拶してくれたりすることにより，「ありがとう」「ちょっと待って」などの簡単な日本語を話したり，個別での簡単な日本語での話しかけを理解したりするようになり，翻訳ツールを使用する機会も減った。

「話をしない」などさまざまであり，気になる姿の原因となる背景は一人一人異なる。

保育者は，外国人幼児の心の動きを理解できるよう，スキンシップを取ったり，一緒に遊んだり，ゆっくりはっきり話しかけたりしながら，信頼関係を築き，安心して園生活を過ごすことができるようにする。また，外国人幼児の実態や様子に応じて，挨拶や簡単な言葉がけの中に母語を使ったり，イラストや翻訳ツールを利用してみるのもよい。保育者が一人一人を理解し，それぞれに合った関わりをすることにより，概ね半年くらいで気になる姿は解消することが多い。

② 言葉を育むための援助や環境構成

家庭と異なる言語環境での生活は，外国人幼児にとって戸惑いやストレスなどを引き起こす原因となりやすい。言葉でうまく表現できず泣いたり，怒ったり，部屋から出て行ったりする姿が見られがちである。友だちと一緒に遊びたい気持ちを言葉で伝えることが難しく，くっついたり叩いたりして表現し，友だちに嫌な思いをさせてしまうときがある。保育者は，外国人幼児の思いに気付き，「遊ぼうって言ってみようか」と外国人幼児に伝え，「遊ぼう」と一緒に伝えたり代弁したりする。ままごと遊びの中では，「にんじんを切っているね」「お皿を並べているね」などと行動を言語化したり，「何を作っているの」「お皿は何色かな」などと簡単な日本語で言葉を引き出したりする。このような保育者の丁寧な関わりが重要であり，園生活の中で外国人幼児は保育者や友だちと関わりながら，日本語を習得していく。保育者は身近なモデルであり，言葉や行動などが大きく影響することを意識して関わらなければならない。

気になる言い方があるときは，「○○のことね」とさりげなく伝え直し，思いが伝わった喜びや，自分を受け入れてくれた嬉しさを中心に据え，日本語が習得できるようにする。また，入園年齢や母語の習得状況などに応じて，母語と日本語の書かれた絵カード（事例11-1参照）や翻訳ツールなどを活用するとよい。言葉での意思疎通の難しさが，日本語力の影響なのか発達の遅れ

なのか判断しにくいこともよくあるので，保育者間で気になる姿について話し合いをし，慎重な対応が必要である。

③　「当たり前」をとらえ直した関わり

日本生まれ日本育ちの外国人幼児が増加しているが，各家庭では，食事や生活習慣など，両親の母国の文化の影響を受けていることが多い。保育者は，生活習慣や遊びなどの「当たり前」をとらえ直し，新たなまなざしで子ども理解を心がけ，指導内容や援助方法を工夫し，園全体で共通理解を深め，体制を整える必要がある。このような保育者の関わりが，園生活への適応力に影響を与える。

宗教の理解や配慮は，食事や行事の参加の可否など，その国や地域，宗派的な理由からさまざまに異なり，保護者が判断するため，保護者と話をし，個々に応じた配慮が必要である。

④　小学校での生活や学習を意識した関わり

園生活を日本語で過ごすことができていても，外国人幼児は家庭の言語環境が異なるため，日本語の基盤の弱さや積み上げの難しさなどがある。保育者は，「言葉を増やす」「言葉を豊かにする」「言葉で表す」という日本語を育む視点をもち，園生活を豊かな言葉の学び場とする必要がある。集団の中では，日本語の習得状況の把握が困難なため，5歳頃に個別での関わりの中で絵カードを利用して確認し，一人一人の実態に応じた援助につなげていけるとよい。

また，日本語の習得状況や文化的な背景などを踏まえて園で配慮したことなどについて，保護者の理解を得つつ，小学校に伝え，円滑な就学につなげていけるとよい。

3）多文化共生のクラス経営

さまざまな背景をもつ幼児が共に生活することは，異なる言葉や文化などをもつ友だちと関わり，子ども同士が互いの違いを違いとして認め合い，多様な価値観を受け止めながら共に生きようとする多文化共生の基盤を培う場となる。例えば，外国人幼児の母語と日本語で書かれた絵カードの掲示や，多言語での絵本の読み聞かせなどは，多文化を知るきっかけづくりとなるだろう。

困っている友だちを見つけると，何とかしてあげたいという気持ちを抱く。それは，「友だちの気持ちを理解する」「友だちを助けようとする」「友だちを信頼する」などの協同性に関する援助性の芽生えであり，援助性は多文化共生の基盤となる感覚である。

日本語で会話はできるが人前では話すことが苦手な外国人幼児がいた。絵を描くことが得意で，友だちに認められたことがクラスでの安心感や友だちへの信頼につながった。繰り返し人前で話す場をつくると，友だちと一緒ならば話してみようとする気持ちをもち，友だちの支えにより話せる機会が増えた。このような中で，見守ったり，きっかけをつくったり，よさを認めたりと，状況に応じた保育者の関わりは重要で手本となる。

多文化共生の集団づくりのために，①幼児がそれぞれの特性やよさをわかり合い生かし合える関係づくり，②モデルは保育者の姿，③園全体での目標共有・協力体制，④外国と日本の文化の紹介の4つの配慮点を意識し，教育課程・指導計画，全体的な計画へ位置付けていけるとよい。

（2）外国人保護者への援助と保育内容

1）外国人保護者への関わり方の工夫

外国人幼児の保護者（以下，外国人保護者とする）の日本語力や文化的背景，就労状況，日本へ

の気持ちなどはさまざまであり，外国人幼児の適応や言語習得に影響を及ぼしやすい。

　保育者は，日本人保護者と同様に子どもの姿を伝えたい気持ちはあるが，外国人保護者との関わりにおいて，日本語でのコミュニケーションに大きな問題を感じている。外国人保護者との円滑なコミュニケーションや，園や子どもへの理解につなげるためにはさまざまな工夫が必要である。

①　外国人幼児理解のために―幼児調査表の作成

　外国人幼児と保護者の状況を知るために入園前に確認するとよい項目（正式氏名，呼称，国籍，出生地，家庭内言語，入園理由，要望，就学先など）を取り入れて作成する。

②　理解につながるコミュニケーション方法

　ａ．外国人保護者の日本語力に応じた「園だより」の作成：園だより（クラスだより）をわかりやすくするために，ルビありのものや，やさしい日本語のものなど，外国人保護者の日本語力に合ったものを作成する。翻訳ツールを使う外国人保護者のために，長い文章での表現や特別な名詞の使用は，誤訳の原因となることを意識するとよい。

　ｂ．話し方や伝え方への配慮：やさしい日本語で話す，短文でゆっくりはっきりと発音する，日程変更や特別な持ち物があるときは個別に伝える，絵や実物などを見せる，必要なことを連絡帳やメモに記入して渡すなどの工夫を取り入れ，外国人保護者の表情の変化を読み取り，理解の程度を判断できるとよい。

　ｃ．通訳・翻訳ツールの活用：入園説明時や個人面談時，通訳を依頼することにより，園や子ども，家庭，子育ての悩みなどについて話すことができ，外国人保護者の安心感や園への理解につながる。翻訳ツールの音声支援を活用することにより，外国人保護者のわかる言語での会話が可能になる。機器のため，正確な翻訳が難しいことがあり，誤訳を避けるための逆翻訳での確認をするとよい。外国人保護者がアンケートや連絡帳などを母語で記入した場合，翻訳ツールのカメラ機能で文章を撮影したり，パソコンの翻訳機能に打ち込んだりして，翻訳する方法もある。

③　保護者の実態に応じた友好的な関わり

　外国人保護者にとって，母国とは異なる文化の国での子育ては，不安やストレスを感じることばかりだろう。そのため，「自分の国の文化を知ってほしい」と伝えたり，ルールを守ろうとする意識が薄かったりする姿が見られる場合がある。保育者が思いに寄り添い，互いの文化を尊重することは，外国人保護者の日本での生活への安心感につながる。

事例11-2　外国人保護者の理解や安心感につながるために

　Ｂ児（4歳児）の母親は日本語でのやりとりが難しいため，不安そうな表情をしていることが多かった。園の様子や担任の思いを伝えたり，保護者の思いも聞いたりしたいと思い，個人面談の際に外部の通訳者を依頼することにした。面談時，担任の話を理解できた安心感からか，母親には笑顔が見られた。その後，簡単な日本語やジェスチャー，翻訳ツールなどを利用して，なるべく多く関わるようにした。母親は翻訳ツールを利用して必要なことを伝えたり，挨拶に笑顔で応じたりする姿が見られるようになった。

　保育者は笑顔で挨拶したり，話しかける機会（簡単な会話でよい）を増やしたりする中で，外国人保護者が安心感を得ることができる関わり方を心がけるようにする。外国人保護者が教育施設と良好な関係を築けるようにすることも，就学前施設の役割の一つである。

2）将来の見通しをもった保護者支援

　外国人幼児と保護者にとって，母語はアイデンティティの一つであり，家庭内会話の保証，ダブルリミテッド（自分の母語と暮らしている場所の言語の2言語とも十分に身に付いていない状態）の回避のためにも必要である。また，母語習得は第2言語である日本語習得にもつながるため，重要性を伝えるべきある。日本文化や教育システムについては，園の行事や子どもの姿などを通して伝えたり，多言語翻訳された日本の教育システムの冊子*を活用したりするとよい。

> ＊多言語翻訳された日本の教育システムの冊子
> ・文部科学省ホームページ：「外国人児童生徒のための就学ガイドブック」（8か国語）
> ・発達障害情報・支援センターホームページ：「発達障害に関する外国人保護者向けパンフレット」（19か国語）

　卒園後にもつながる継続的な支援を行うには，周りの保護者とのつながりが大切である。登降園や行事などで保護者同士が接する機会をつくり，在園中によい信頼関係を築けるようにできるとよい。

　発達や養育面での課題は園での判断が難しいため，療育施設や教育委員会，市役所など，外部の専門機関との連携が必要である。また，母語や日本語支援は，NPO（非営利組織）などと連携できる自治体がある。

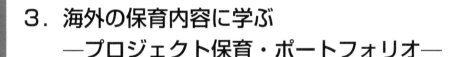

3．海外の保育内容に学ぶ —プロジェクト保育・ポートフォリオ—

　プロジェクト保育やポートフォリオ（子どもの成長の記録および写真）は，海外でさまざまな興味深い実践がされている。とりわけ，北イタリアのレッジョ・エミリア市における乳幼児のプロジェクトの実践と，それを記録したドキュメンテーションは，「子どもには100の言葉がある」ことと，レッジョ・エミリア・アプローチの質の高さを明らかにし，世界の注目を集めた。

　ここでは，その影響を受け，国家水準の幼保共通カリキュラムを策定した韓国とニュージーランドの保育実践を紹介する。

（1）韓国の幼保共通カリキュラムとプロジェクト保育

1）幼保共通カリキュラム「ヌリ課程」の特徴

　韓国（幼児）教育界は，教育改革における世界的動向を積極的に摂取し，ユネスコ（UNESCO）をはじめとして，世界各国の（幼児）教育改革動向から得られる示唆点の分析に力を注いできた。

　韓国の幼児教育・保育の体制は，教育科学技術部が管轄する幼稚園と保健福祉部が管轄するオリニジップ（「子どもの家」という意味・日本の保育所に該当）の二元体制で，日本の保育所と幼稚園の行政的な管轄と類似している。

　韓国の幼児教育に関する国家的なガイドラインとして，「標準保育課程」と「3～5歳年齢別

ヌリ課程」がある。「標準保育課程」は，オリニジップの０～５歳の乳幼児のために保育目標と
実践内容を提示し，０～１歳保育課程，２歳保育課程，３～５歳保育課程（ヌリ課程）で構成さ
れている。

　内容領域は，「身体運動・健康」「意思疎通」「社会関係」「芸術経験」「自然探究」の５つがあ
り，領域別内容は年齢ごとに内容が示された。また，教師用の指導書により，プロジェクト保育
（テーマ中心型保育）やコーナーの環境構成を充実させ，保育実践の質の向上が図られてきた。

　韓国では，「幼児・遊び中心」を強調した「2019改訂ヌリ課程」を2019年７月に策定した。

２）プロジェクト保育（テーマ型保育）と自由選択の遊びコーナー

　韓国は，アメリカのプロジェクト・アプローチの影響を受け，独自のテーマ型保育を展開して
きた。それは，「韓国型プロジェクト・メソッドの発展」と呼ばれる。

　2013年に，韓国政府は幼児教育・保育に対する国家責任を強化し，幼保共通カリキュラムで
あるヌリ課程適用対象を５歳から３～４歳まで拡大した。「３～５歳児年齢別ヌリ課程」に提示
された生活主題（テーマ）と活動の展開例をみていきたい[16]。

①　生活主題（テーマ）例

　　　１.幼稚園・オリニジップと友だち　　２.私と家族　　３.住んでいるところ

　　　４.健康と安全　　５.動植物と自然　　６.生活道具　　７.私の国

　　　８.世界のいろいろな国　　９.交通機関　　10.季節　　11.環境と生活

②　活動の展開方法

　　　①主題の選定→②予想される主題活動の計画→主題の展開活動→まとめ→評価

　　　　※活動の各段階において，保育者と幼児の話し合いを重視している。活動によって
　　　　　は，１週間の短期間で終わるもの，長期間実施されるものがある。

③　テーマ型保育と遊びコーナーの事例

　筆者が観察したMオリニジップ１歳児の保育室には，「自然探究」領域のコーナーがあり，M
オリニジップの「特色プログラム」の「五感を刺激する内容（１歳児）」のプログラム「なんだ

表11-4　年齢別　特色プログラム（Mオリニジップのパンフレットより抜粋）

年　齢	特色プログラム		詳細内容
	内　容	プログラム名	
満０歳	愛着プログラム	好き　好き	初めて親と離れる環境に，子どもたちが安心して安定的に適応できるよう援助する。
満１歳	五感を刺激するプログラム	なんだろう，なんだろうね	さまざまな材料を十分に調べることで統合的な感覚体験を援助する。
満２歳	五感を発達させるプログラム	嬉しい食べ物感覚遊び	食べ物の色を決めて，決まった色の果物と野菜を育てた後，調べ活動を通して五感の発達，および正しい食習慣を形成できるよう援助する。
満３～５歳	テーマごとのまとめ活動	スペシャルデイ	一つのテーマを終わらせるごとにテーマについての経験的知識の完成度を高め，教育的効果を最大化できるよう援助する。

（清水陽子・大久保淳子・アンソンファ：韓国の標準保育課程と保育実践に関する一考察，福岡県立大学人間社会学部紀要，
No.28-1，p.68，2019）

写真11-2　ビニール傘などの生活用具を利用して子どもが
雨を表現した1歳児クラスの環境構成

（清水陽子・大久保淳子・アンソンファ：韓国の標準保育課程と保育実践
に関する一考察，福岡県立大学人間社会学部紀要，No.28-1, p.68, 2019）

ろう，なんだろうね」の目的を達成するために，さまざまな材料を十分に調べることで統合的な感覚体験をできるように，壁面や窓だけでなく空間を利用して環境構成がされていた。

　また，ビニール傘などの生活用具に自由に子どもがなぐり書きをしたり，身近な素材を組み合わせたりして雨を表現するなど，季節の自然現象をテーマにした作品の展示を観察することができた（表11-4，写真11-2）。

　生活主題（テーマ）は，プロジェクト保育の実践と自由選択活動のコーナー遊びに関連性および連続性をもたせ，子どもが遊びの中での学びを深めるのに有効であると思われる。

（2）ニュージーランドの保育カリキュラムとポートフォリオ「学びの物語」

1）乳幼児統一カリキュラム「テ・ファリキ」の特徴

　1996年，ニュージーランドの幼稚園，保育所，家庭的保育サービス，コハンガ・レオ，プレイセンターなど0歳から就学までのすべての乳幼児教育施設において，実践の基盤となる乳幼児統一カリキュラムが制定された。この乳幼児統一カリキュラム「テ・ファリキ」は，先住民マオリの幼児教育関係者との共同を重視し，英語とマオリ語で記されている。また，人間発達を社会・文化的な視点でとらえ，子どもが属する家族や地域社会の文化や価値観を尊重し，積極的に保育・幼児教育の中に取り入れたことが特徴であり，従来の「何歳で何を教えなければならない」というカリキュラムの考え方を大きく変えることになった。

　「ファリキ（Whariki）」とは，織物のマットを意味するマオリ語であり，幼保共通のカリキュラムを基盤としながら，それぞれの乳幼児教育施設が多様に織り上げていくという意味が含まれている。

　そのカリキュラムのビジョンは，「子ども達が，心，身体，精神において健康であり，所属感や社会に価値ある貢献をすることのできる知識をもち，有能で自信に満ちた学び手，コミュニケーションの担い手として成長していくことをめざす」ことである。そして，エンパワーメント，

全体的発達，家族と地域社会，関係性の４つの原理と，幸福・健康，所属感，貢献，コミュニケーション，探究という子どもの発達に関する５つの領域が設定され，具体的な目標や内容が記されている[17]。

２）保育実践とポートフォリオ「ラーニング・ストーリー（学びの物語）」

「テ・ファリキ」に基づくアセスメント（子どもの保育記録および評価）のため，ポートフォリオ「ラーニング・ストーリー（学びの物語）」を作成し，子どもの育ちの活動や作品の写真も取り入れつつ，活動のプロセスを子どもの言葉や行動で記録する方法をとっている。

活動の様子を記録したポートフォリオは，各遊びコーナーのボードに掲示されている。

一例をあげると，筆者が調査訪問したオークランドのある保育所では，園の玄関に「保育の計画と評価に関する掲示」がされていて，「テ・ファリキ」に基づくアセスメント，つまり保育に対する園の基本姿勢が，来訪者全員に理解しやすいように示されている（図11-1，筆者和訳）。

計画と評価（子どもの把握）は，私たちが本園で行う仕事の中でも重要な職務であり，それは私たちのカリキュラムの中で何が起こるのか知らせてくれます。

　私たちは計画と評価を行う上で，以下の３つの領域を扱います。
　・子どもが何をするのかに興味をもち，それについて話し合う。
　・どんな学習のパターン（学習様式　例　創造的である，根気があり辛抱強い）が技能や知識と同様に見ることができるのか認識する。
　この段階で，この壁に表示される子どものための個別の具体的な学びの目標を，その子どもの学びを記録する担当の保育者と一緒に作成する。
　・応答─学びを，設定した目標の近くまで，発展させ展開させる方法。

　─これらの目標すべては，私たちの「テ・ファリキ」カリキュラムの中の５つの要素に関連付けられます。

　　　　　幸福・健康　─　所属感　─　貢献　─　コミュニケーション　─　探究

　それぞれの要素は幼児期の環境の日々の計画の中に組み込まれている学びと発達の領域を具体化します。
「テ・ファリキ」14ページ

　─また，これらの目標は玄関に掲示した，本園で評価した学習にもつながります。
　子どもの一連の学びの物語やスナップ写真（観察用），学習の評価などの資料は，子ども用の書類入れの中にあります。
　お子さんについての質問はいつでもご自由に教員にお尋ねください。

図11-1　O保育所の「保育の計画と評価に関する掲示」

（清水陽子・黒田秀樹：保護者の子ども理解とパートナーシップを生み出す保育内容の発信方法に関する一考察─ニュージーランドの幼児教育観察とインタビュー調査を中心に─，九州産業大学基礎教育センター研究紀要，7号，p.4, 2017）

保育室の「算数と科学の探究」コーナーは，子どもが色と数，形などを理解し，数や科学遊びをするためのコーナーである。赤・青・黄色・黄緑色などさまざまな色の大小のスプーン，色水の入ったペットボトルなどが準備されている。日本の保育内容領域「環境」に類似した遊びコーナーといえるだろう（写真11-3）。

このコーナーのボードには，「その遊びは，どのように始まったか……」とタイトルが付けられたポートフォリオが掲示されていた。その概要は，子どもがそのコーナーにおいてどのような素材に興味・関心をもち，遊びが始まったかを記録したものであり，その遊びをしている子どもの写真も掲示されていた。

写真11-3　「算数と科学の探究」コーナー

　この訪問調査では，日本人保護者を対象にインタビューを実施したが，どの保護者も，園の教育や多文化共生に理解を示し，子どもが日々遊びの中で学んでいることや，挑戦していると考えていたことが明らかになった。

　ニュージーランドの「ラーニング・ストーリー（学びの物語）」と呼ばれるポートフォリオは，国家水準の幼保共通カリキュラム「テ・ファリキ」の教育内容を，外国人保護者が理解するためにも有効であり，これが多文化共生の基盤となっているといえるだろう。

演習課題

1．SDGsをどのように保育に取り入れていくのか話し合ってみよう。
2．学級で，外国人幼児の日本語力を育むためにはどのような遊びを取り入れるとよいか，また，その中で保育者はどのようなことに気を付けるとよいか考えよう。
3．本章第3節を学んで興味をもった，海外の実践事例を調べてみよう。
4．プロジェクト保育やポートフォリオの実践例を，もっと調べてみよう。

引用文献

1）農林水産省ホームページ：報道発表資料「食品ロス量（令和2年度推計値）」，2022
2）総務省統計局：人口推計（令和4年（2022年）8月確定値），2023
3）国立社会保障・人口問題研究所：日本の将来推計人口（平成29年推計），2017
4）内閣府：令和4年版少子化社会対策白書，2022
5）日本ユニセフ協会，2022
6）ユニセフ：世界銀行報告書，2022
7）厚生労働省：国民生活基礎調査，2019
8）国際連合広報センター：国連報告書，2021
9）ユニセフ：世界子供白書，2019
10）日本ユニセフ協会ホームページ
　　https://www.unicef.or.jp/kodomo/nani/riyu/ri_bod5.htm［2023.1.30アクセス］

11）国際連合広報センター：持続可能な開発目標—事実と数字，2018

https://www.unic.or.jp/news_press/features_backgrounders/31591/［2023.1.30アクセス］

12）日本ユニセフ協会：SDGs CLUB

https://www.unicef.or.jp/kodomo/sdgs/17goals/7-energy/［2023.1.30アクセス］

13）日本ユニセフ協会：SDGs CLUB 前文

https://www.unicef.or.jp/kodomo/sdgs/preamble/［2023.1.30アクセス］

14）事例提供：福岡県宗像市ひかり幼育園

15）事例提供：福岡県古賀市久保保育園（2023年4月より幼保連携型認定こども園くぼこども園）

16）韓　在熙：大韓民国「幼児教育・保育改革の動向」，泉　千勢：なぜ世界の幼児教育・保育を学ぶのか，ミネルヴァ書房，pp.298-299，2017

17）鈴木佐喜子：ニュージーランド「テ・ファリキに基づきすすむ改革」，泉　千勢・一見真理子・汐見稔幸編：世界の幼児教育・保育改革と学力，明石書店，pp.154-174，2008

参考文献

・法務省ホームページ：在留外国人統計（旧登録外国人統計），2021

・全国幼児教育研究協会：幼児期における国際理解の基盤を培う教育の在り方に関する調査研究，pp.5-8，2017

・文部科学省ホームページ：外国人幼児等の受入れにおける配慮について，2020

・文部科学省/mextchannel（YouTube）：外国人幼児等の受入れに関する研修，2022

・咲間まり子：保育者のための外国人保護者支援の本，かもがわ出版，pp.23-28，2020

・清水陽子・吉田真弓・大久保淳子他：韓国「2019改訂ヌリ課程」開発過程研究：東アジア諸国における幼児教育・子育ての実態に関する研究，令和3年度KSU基盤研究費（170）報告書，2022

・清水陽子・大久保淳子・アンソンファ：韓国の標準保育課程と保育実践に関する一考察，福岡県立大学人間社会学部紀要，No.28-1，pp.68-72，2019

・清水陽子・黒田秀樹：保護者の子ども理解とパートナーシップを生み出す保育内容の発信方法に関する一考察—ニュージーランドの幼児教育観察とインタビュー調査を中心に—，九州産業大学基礎教育センター研究紀要，7号，2017

・泉　千勢・一見真理子・汐見稔幸編：世界の幼児教育・保育改革と学力，明石書店，2008

索　引

〔編著者〕 (執筆分担)

清水陽子　九州産業大学人間科学部　教授　第1章，第7章1，第11章3
しみずようこ

新井美保子　愛知教育大学教育学部　教授　第4章
あらいみほこ

吉田真弓　名古屋短期大学　准教授　第5章1〜4，第6章
よしだまゆみ

〔執筆者〕 (執筆順)

濱口実紗希　修文大学短期大学部　助教　第2章
はまぐちみさき

櫻井京子　西九州大学子ども学部　准教授　第3章
さくらいきょうこ

金丸智美　西九州大学短期大学部　講師　第3章
かなまるさとみ

酒井初恵　小倉北ふれあい保育所(夜間部)　主任保育士　第5章5
さかいはつえ

牧野桂一　大分こども発達支援研究所　所長　第7章2
まきのけいいち

諫見泰彦　九州産業大学建築都市工学部　准教授　第7章3
いさみやすひこ

安東綾子　九州女子短期大学　講師　第8章1・2
あんどうあやこ

矢野洋子　九州女子短期大学　教授　第8章3
やのようこ

杉江栄子　名古屋学芸大学ヒューマンケア学部　准教授　第9章
すぎええいこ

後藤由美　名古屋柳城短期大学　講師　第10章1
ごとうゆみ

近藤彩子　瀬戸市立にじの丘小学校　教諭　第10章2
こんどうあやこ

永渕美香子　中村学園大学短期大学部　准教授　第11章1
ながふちみかこ

田中寛美　浜松市立可美幼稚園　主任　第11章2
たなかひろみ

子ども中心の実践に学ぶ保育内容総論

2023年（令和5年）2月20日　初版発行

編著者	清　水　陽　子
	新　井　美保子
	吉　田　真　弓
発行者	筑　紫　和　男
発行所	株式会社 建帛社 KENPAKUSHA

〒112-0011　東京都文京区千石4丁目2番15号
TEL（03）3944－2611
FAX（03）3946－4377
https://www.kenpakusha.co.jp/

ISBN 978-4-7679-5143-0　C3037　　信毎書籍印刷／愛千製本所
©清水陽子，新井美保子，吉田真弓ほか，2023.　　Printed in Japan
（定価はカバーに表示してあります）